중학교 입학 전 익혀야 할 필수 시사 상식

초등
필독 신문

이혜정 지음

서사원주니어

지은이의 말

왜 신문 읽기를 해야 할까요?

'NIE'를 들어본 적 있나요? '신문(Newspaper)'과 '교육 속(In Education)'이 조합된 말로, '신문을 활용한 교육'을 의미해요. 신문 활용 교육(NIE)은 효과적인 교육 방법으로 사고력, 독해력, 도덕성을 키워 주고 민주 시민 의식을 고취시켜 준다는 장점이 있어요.

신문을 읽는 일이 왜 공부에 도움이 될까요? 신문에는 다양한 분야의 정보가 실려 있어요. 각종 사회 문제를 접하면서 시사 상식도 쌓을 수 있지요. 시사 상식은 여러 가지 사회적 사건이나 사실에 대한 상식을 말하는데, 다양한 시사 상식을 갖추고 있다면 좋은 점이 많아요. 나중에 중·고등학교에 가서 배경지식을 요구하는 어려운 글을 읽어야 할 때 수월하게 공부할 수 있지요. 신문 기사에 실린 다양한 어휘와 시사 개념을 이해하다 보면 저절로 문해력이 길러지는 마법도 경험하게 되거든요. 또, 논술 문제를 풀 때 알고 있던 시사 개념을 활용해 좋은 답을 쓸 수 있고요.

신문 활용 교육(NIE)과 비판적 독해는 어떤 관계가 있나요?

4차 산업혁명 시대의 특징은 무엇일까요? 바로 정보가 대량으로 쏟아져 나온다는 점이지요. 수많은 정보로 가득 찬 세상에서는 그 많은 정보를 선별하여 수용하는 능력이 필요해요. 모든 정보가 옳은 것은 아니니까요. 미래 세상을 살아갈 여러분에게 꼭 필요한 건 바로 옳고 그름을 판단하는 능력, 즉 '비판적 사고' 능력이에요.

'비판적 사고'는 신문 읽기를 통해 기를 수 있어요. 신문을 읽다 보면 여러분도 어느새 무엇이 옳고 그른지, 내가 더 가치 있게 여기는 것은 무엇이고 어떤 사회 문제에 관심이 많은지 자연스럽게 깨닫게 될 거예요. 나의 생각을 말이나 글로 나타낼 수 있으면 더 좋고요. 그렇게 여러분은 민주 사회의 훌륭한 일원이 될 수 있어요.

선생님은 여러분의 비판적 사고와 표현력을 키워주기 위해 신문 기사를 도구로 활용할 거예요. 오늘날의 사회 문제를 담은 기사를 읽고 그 현상에 대해 옳고 그름을 판단해 보세요. 무엇이 잘못되었다고 생각하는지 말과 글로 표현하다 보면 여러분은 한층 성장하게 될 거예요.

그럼, 신문 읽기는 어떻게 해야 할까요?
이 책을 공부할 때 다음과 같은 순서로 훈련해 보세요.

1단계: 신문 기사 읽기
신문 기사를 꼼꼼히 읽어요. 이 교재에는 5가지 영역(사회, 환경, 정보, 문화·예술, 역사·경제)의 50개 신문 기사가 제시되어 있어요. 기사에서 모르는 어휘가 나오면 직접 찾아보아요. 더불어 관련 시사 개념에 대한 정보를 더 찾아보거나 뉴스 영상을 검색하여 시청해 보세요. 이해하기 한층 쉬울 거예요.

2단계: 신문 기사 이해하기
정리된 시사 개념을 확인한 다음, 기사를 다시 한 번 읽으면서 기사에 드러난 사회 문제를 이해해 보아요. 지문별로 두 가지 유형의 문제를 풀어보며 꼼꼼히 읽었는지 확인해 보세요. 그 주제에 대해서 자기 생각을 정리할 수 있어야 해요. 내용과 관련한 자신의 경험도 떠올려 보고 그 문제에 대한 해결책도 고민해요.

3단계: 비판적 생각 표현하기
신문 기사에서 보았던 사회 문제에 대해 옳고 그름을 판단해 보아요. 이제 자신의 생각을 말이나 글로 표현하는 거예요. 비판적인 생각을 표현할 때는 관련 경험뿐만 아니라 자기 주장과 근거가 잘 드러나야 해요. 당연히 신문 기사 내용도 들어가야겠지요? 제안이나 해결책으로 마무리하면 글의 완성도는 더 높아질 거예요.

많은 사람이 신문 기사를 '살아 있는 교과서'라고 불러요. 신문에 실린 내용을 잘 활용하면 아주 유익하고 실용적인 깨달음을 얻을 수 있기 때문이에요. 선생님은 이 교재를 통해 여러분들이 그동안 낯설다고 느꼈던 신문과 좀 친해지길 바라요. 더불어 우리가 사는 사회에 좀 더 관심을 가져보는 계기가 되었으면 좋겠어요.

자, 준비됐나요? 그럼, 시작해 볼까요?

웃는샘 이혜정

차례

주제	쪽	공부할 날	
1 사회			
1. 알파세대, 도파민 중독자	10	월	일
2. 지금은 비건 시대!	13	월	일
3. 우리 동네 이기주의	16	월	일
4. 촉법 소년, 위험한 방패	19	월	일
5. 어린이 출입 금지라고요?	22	월	일
6. 대학 입시에 학폭을?	25	월	일
7. 우리나라가 사라진대요!	28	월	일
8. 카페에서 공부해도 될까요?	31	월	일
9. 대한민국은 사교육 열풍	34	월	일
10. 핑크가 여성의 색이라고요?	37	월	일
2 환경			
1. 옥수수로 움직이는 자동차	42	월	일
2. 지구를 위하여!	45	월	일
3. 산림 훼손이 가져오는 재앙	48	월	일
4. ESG 세상 만들기	51	월	일
5. 자동차를 재활용하는 법	54	월	일
6. 소가 하는 트림이 문제라니!	57	월	일
7. 좀비 바이러스 부활	60	월	일
8. 날씨가 이상해요!	63	월	일
9. 종이 팩 생수 프로젝트	66	월	일
10. 쓰레기 대란이 걱정돼요	69	월	일
3 정보			
1. 셰어런팅 주의보	74	월	일
2. 선 넘은 가짜 뉴스	77	월	일
3. AI 창작물을 둘러싼 논란	80	월	일
4. 로봇과 일하는 세상이 오다	83	월	일
5. 챗GPT가 가져온 변화	86	월	일
6. 가상 인간 신드롬	89	월	일
7. 메타버스 세상으로 퐁당!	92	월	일
8. 무궁무진한 3D프린팅 기술	95	월	일
9. NFT가 뭐길래	98	월	일
10. 무인 농업 시대	101	월	일

	제목	쪽	공부한 날
4 문화·예술	1. 무지개로 물든 퀴어 축제	106	월 일
	2. 유네스코 문화유산 등재	109	월 일
	3. 당신의 MBTI는?	112	월 일
	4. 성 중립 언어가 뭔가요?	115	월 일
	5. 부끄러운 한글날	118	월 일
	6. 명절이 국가무형유산?	121	월 일
	7. 달라진 명절 문화	124	월 일
	8. 오버투어리즘 실태	127	월 일
	9. 먹방이 왜 문제인가요?	130	월 일
	10. 광화문 월대가 복원됐어요	133	월 일
5 역사·경제	1. 일본 초등 교과서 역사 왜곡	138	월 일
	2. 전쟁을 멈추세요!	141	월 일
	3. 태극기에 담긴 독립 열망	144	월 일
	4. 11월 21일, 독도에서 생긴 일	147	월 일
	5. 제주 4·3 사건을 기억해요	150	월 일
	6. 딥테크가 뭔가요?	153	월 일
	7. 최저 임금제의 현실	156	월 일
	8. 쌀 소비량이 줄고 있어요	159	월 일
	9. 광물의 수입 의존도 문제	162	월 일
	10. 펫코노미 시장 열풍	165	월 일

시사 개념 마무리 퀴즈 … 168

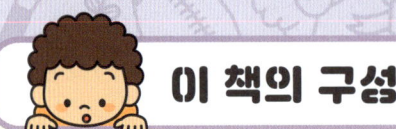

이 책의 구성

1 그림을 보면서 어떤 내용의 기사를 읽게 될지 짐작해 보세요.

3 기사의 제목과 본문을 꼼꼼히 읽어 보세요.

2 문장을 읽으면서 모르는 단어에 표시해 보세요. 신문 기사와 '시사 개념 확인하기'에서 익히게 될 단어입니다.

4 관련 기사의 헤드라인을 모아 보면서 해당 주제에 대한 여러 시각을 확인해 보세요.

5 주요 시사 용어의 뜻풀이를 확인해 보세요.

추가 제공
비판적 사고
글쓰기 노트 PDF

서술형 질문에 대한 답을 직접 쓰며
내 생각을 정리해 보세요.

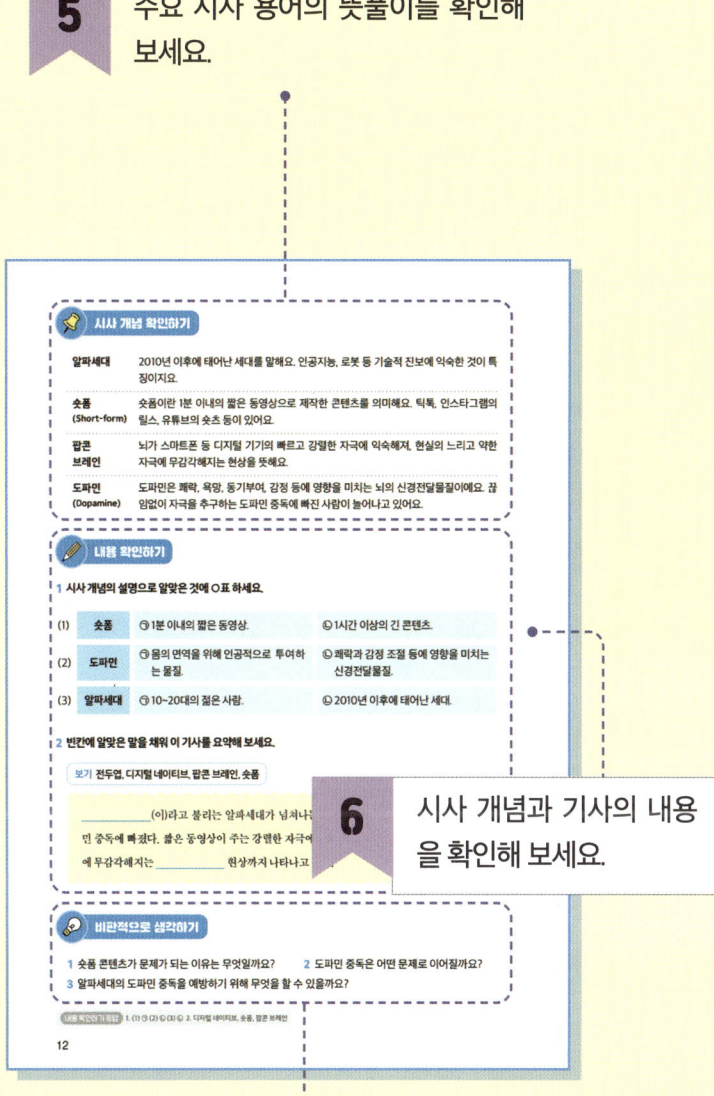

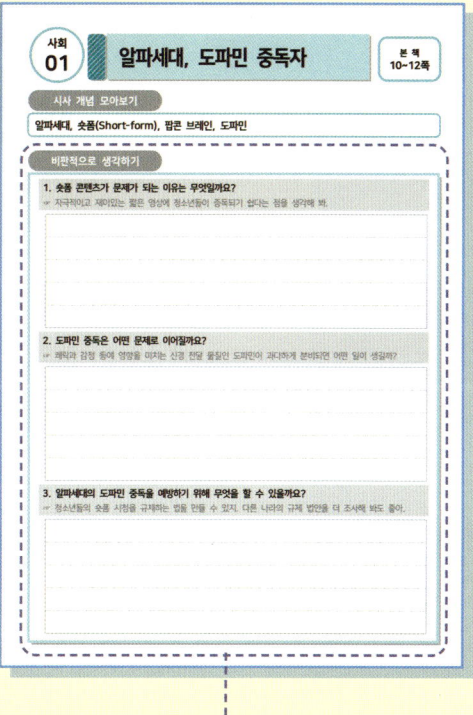

6 시사 개념과 기사의 내용을 확인해 보세요.

7 주제와 관련하여 비판적으로 생각해 볼 질문들이에요. 스스로 답을 떠올려 보세요.

8 표지 뒷장의 QR코드로 워크북 PDF를 다운받아 보세요. 도움말을 참고해 질문에 대한 답을 직접 쓰고 예시 답을 확인해 보세요.

1

사회

우리는 집단을 이루어 살아가요. 여러 사람이 모여 이룬 이 집단을 사회라고 부르지요. 서로 다른 사람들이 어울려 살아가는 사회에는 다양한 문제가 발생해요. 그 문제를 해결하는 일은 중요하지요. 우리 모두가 해야 할 숙제와 같아요. 내가 속한 사회에 대해 얼마나 알고 있나요? 사회 문제를 직접 해결하러 떠나 볼까요?

시사 개념 한눈에 보기

1	알파세대, 도파민 중독자	알파세대, 숏폼, 팝콘 브레인, 도파민
2	지금은 비건 시대!	비건, 미닝아웃, 식물성 대체식품
3	우리 동네 이기주의	님비, 핌피, 바나나 현상, 노비즘
4	촉법소년, 위험한 방패	비행소년, 촉법소년, 소년법, 형사 처벌, 보호처분, 면죄부
5	어린이 출입 금지라고요?	노 존, 상대적 박탈감, 저출생, 고령화
6	대학 입시에 학폭을?	학교폭력, 가해자, 피해자, 낙인, 인권
7	우리나라가 사라진대요!	합계 출산율, 대체 출산율, OECD, 딩크족
8	카페에서 공부해도 될까요?	카공족, 자영업자, 노 스터디 존, 회전율
9	대한민국은 사교육 열풍	학령인구, 사교육, 공교육, 영유아기, 사교육 카르텔
10	핑크가 여성의 색이라고요?	고정 관념, 가부장적, 젠더 감수성, 성 인지 감수성

사회   1. 알파세대, 도파민 중독자

끊임없이 쏟아지는 숏폼 콘텐츠에서 헤어나오지 못한 경험이 있나요?

우아~

한 번 보면 눈을 뗄 수가 없네!

📰 시사 용어 미리 보기

아래 문장을 읽으면서 모르는 단어에 ○표 하고 기사에서 확인하세요.

1 알파세대는 유아기부터 스마트폰을 접했다.
2 도파민 중독 때문에 평범한 일은 이제 재미가 없다.
3 숏폼에 의한 자극에 익숙해지면 팝콘 브레인 현상이 일어날 수 있다.

◈ 서사원 신문   월   일

도파민 중독을 조심하세요!

2010년 이후 태어난 **알파세대**를 '디지털 네이티브(Digital Native)'라고 부릅니다. 이들은 유아기부터 각종 스마트 기기를 사용하며 자라, 디지털 환경에 원어민처럼 능숙한 세대입니다.

이런 알파세대가 **숏폼(Short-form)** 중독에 시달리고 있습니다. 숏폼은 짧은 시간 안에 속도감 있게 즐길 수 있어, 알파세대의 일상에서 빼놓을 수 없는 콘텐츠가 되었습니다. 문제는 강렬한 자극에 익숙해지면, 뇌 구조가 변형되어 느리고 약한 자극에 둔감해질 수 있다는 것입니다. 이것을 '**팝콘 브레인**' 현상이라고 합니다.

특히, 전두엽이 완전히 성숙해지지 않은 청소년의 뇌는 숏폼 중독에 취약할 수밖에 없습니다. 숏폼에 중독되면 글을 읽고 이해하는 능력이 떨어지고 자극적이고 즉각적인 현상에만 반응합니다. 또, 다른 사람의 감정이나 현실의 느리고 약한 자극에는 무감각해집니다.

그래서 숏폼으로 인한 **도파민(Dopamine)** 중독을 예방하려는 움직임이 일어나고 있습니다. 도파민이란 중추신경계의 신경전달물질 중 하나입니다. 도파민은 운동신경과 감정을 조절하는 물질로, 이것이 분비되면 쾌락의 감정을 느끼며 인체를 흥분시킵니다. 도파민 분비가 과도하면 조현병이 발병하고, 너무 저조하면 '주의력결핍 과다행동장애(ADHD)'로 진단받을 수 있습니다.

일부 국가에서는 숏폼을 법으로 규제하고 있습니다. 중국에서는 14세 이하는 하루 40분만 틱톡을 쓸 수 있도록 했고, 미국에서는 틱톡이 금지될 수도 있다고 합니다.

🔍 관련 기사 헤드라인 모아 보기

▌ 숏폼의 시대, 도파민 중독을 경계하라!

▌ 유아 시기부터 스마트폰 접한 알파세대…
   도파민 디톡스 시작하기

▌ "딱 1분만 보려고 했는데 1시간이 뚝딱"
   숏폼 때문에 팝콘 브레인 된다?

▌ 숏폼 영상에 빠지면 도파민 중독?
   뇌의 빈틈 파고든다

 시사 개념 확인하기

알파세대	2010년 이후에 태어난 세대를 말해요. 인공지능, 로봇 등 기술적 진보에 익숙한 것이 특징이지요.
숏폼 (Short-form)	숏폼이란 1분 이내의 짧은 동영상으로 제작한 콘텐츠를 의미해요. 틱톡, 인스타그램의 릴스, 유튜브의 숏츠 등이 있어요.
팝콘 브레인	뇌가 스마트폰 등 디지털 기기의 빠르고 강렬한 자극에 익숙해져, 현실의 느리고 약한 자극에 무감각해지는 현상을 뜻해요.
도파민 (Dopamine)	도파민은 쾌락, 욕망, 동기부여, 감정 등에 영향을 미치는 뇌의 신경전달물질이에요. 끊임없이 자극을 추구하는 도파민 중독에 빠진 사람이 늘어나고 있어요.

 내용 확인하기

1 시사 개념의 설명으로 알맞은 것에 O표 하세요.

(1) **숏폼** ㉠ 1분 이내의 짧은 동영상. ㉡ 1시간 이상의 긴 콘텐츠.

(2) **도파민** ㉠ 몸의 면역을 위해 인공적으로 투여하는 물질. ㉡ 쾌락과 감정 조절 등에 영향을 미치는 신경전달물질.

(3) **알파세대** ㉠ 10~20대의 젊은 사람. ㉡ 2010년 이후에 태어난 세대.

2 빈칸에 알맞은 말을 채워 이 기사를 요약해 보세요.

> 보기 전두엽, 디지털 네이티브, 팝콘 브레인, 숏폼

_____(이)라고 불리는 알파세대가 넘쳐나는 _____ 영상으로 인해 도파민 중독에 빠졌다. 짧은 동영상이 주는 강렬한 자극에 익숙해져서, 현실의 느리고 약한 자극에 무감각해지는 _____ 현상까지 나타나고 있다.

비판적으로 생각하기

1 숏폼 콘텐츠가 문제가 되는 이유는 무엇일까요? 2 도파민 중독은 어떤 문제로 이어질까요?
3 알파세대의 도파민 중독을 예방하기 위해 무엇을 할 수 있을까요?

내용 확인하기 정답 1. (1) ㉠ (2) ㉡ (3) ㉡ 2. 디지털 네이티브, 숏폼, 팝콘 브레인

사회 | 2. 지금은 비건 시대!

여러분은 비건 식품을 먹어본 적 있나요?
최근, 비건 식품이 늘어난 데에는 여러 가지 배경이 있답니다.

시사 용어 미리 보기

아래 문장을 읽으면서 모르는 단어에 ○표 하고 기사에서 확인하세요.

1 동물권을 지키기 위해 비건이 되기를 결심하는 사람들이 늘고 있다.
2 소비자들은 미닝아웃으로 자신의 가치관을 표현한다.
3 다양한 식물성 대체식품이 출시되고 있다.

◈ 서사원 신문

월   일

대세는 비건, 채식 상품 앞다퉈 출시

비건(Vegan) 전성시대가 시작됐습니다. 건강에 좋을 뿐 아니라 지구 환경을 보호하는 해결책으로, 완전한 채식을 실천하는 비건이 주목받고 있습니다.

채식과 환경보호는 어떤 관련이 있을까요? 육식 소비가 지구 환경에 나쁜 영향을 끼친다는 연구 결과가 우후죽순 나오고 있습니다. 채식을 하면 많은 양의 온실가스를 줄일 수 있다고 합니다. 전 세계 인구가 비건이 되면 매년 80억 톤의 이산화탄소를 줄일 수 있습니다. 이것은 전 세계 이산화탄소 배출량의 22%에 가까운 양입니다.

그렇다면 육식은 왜 환경에 나쁠까요? 육식 때문에 매년 남한 크기의 열대우림이 사라지고 있다고 합니다. 가축을 사육하기 위한 방목지와 가축 사료를 재배하기 위한 경작지를 만들기 위해 열대우림을 불태우고 있기 때문입니다. 2006년 유엔식량농업기구가 발표한 보고서에 따르면 온실가스 배출량의 18%는 축산업에서 비롯됐습니다.

그래서 세계 곳곳에서 채식을 늘리기 위한 움직임이 일어나고 있습니다. 국내에서도 2~30대를 중심으로 자신의 신념을 소비문화로 표현하는 '**미닝아웃**'의 흐름이 생기고 있습니다. 비건을 실천하기 위해 **식물성 대체식품**을 소비하는 것이 한 사례입니다. 젊은 층에게 비건이 지구 환경을 지키기 위한 방법으로 인식되어, 갈수록 비건 음식을 찾는 소비자가 늘고 있습니다. 이에 따라 많은 식품 회사가 식물성 대체육을 출시하며 세계 시장을 선점하기 위해 애쓰고 있습니다.

🔍 관련 기사 헤드라인 모아 보기

- 기후 위기 해법, 채식이 답
- 비건 주력 시대 여는 식품업계, 브랜드·레스토랑 등 속속 도입
- '미닝아웃' 확산에 유통업계, 비건 뷰티 전쟁
- 친환경 제품 개발, 이제는 선택 아닌 필수… "이제는 비건 가죽 시대"

비건(Vegan)	동물성 식품을 먹지 않는 채식주의자인 비건은 육류뿐 아니라 달걀, 어류, 우유, 치즈를 모두 먹지 않는 완전한 채식주의자를 뜻해요.
미닝아웃 (Meaning Out)	자신의 신념을 소비로 드러내는 행위를 말해요. SNS에 익숙한 젊은 세대를 중심으로 확산되고 있어요.
식물성 대체식품	채식주의자의 단백질 섭취를 위한 식품이에요. 육류를 대체할 수 있는 식물성 단백질로 이루어지며 영양과 맛, 안전성 모두 문제가 없다고 해요.

1 초성을 참고하여 문장에 들어갈 알맞은 시사 용어를 써 보세요.

(1) 환경을 살리기 위한 해결책으로 완전한 채식을 실천하는 ㅂㄱ 이/가 떠오르고 있다.

(2) 소비 행위로 자신의 신념을 표현하는 ㅁㄴㅇㅇ 의 사례로 채식이 있다.

(3) 육류를 대체할 수 있는 식물 성분으로 된 ㅅㅁㅅ ㄷㅊㅅㅍ 이/가 지속적으로 출시되고 있다.

2 빈칸에 알맞은 말을 채워 이 기사를 요약해 보세요.

보기 비건, 온실가스, 22%, 미닝아웃, 가축 사료

지구 전체 _____ 배출량의 18%는 축산업에서 비롯됐고, 엄청난 면적의 땅이 _____ 을/를 재배하기 위해 불타고 있다. 전 세계 인구가 _____ 이/가 되면 지구의 이산화탄소 배출량의 _____ 을/를 줄일 수 있다고 한다.

비판적으로 생각하기

1 왜 채식을 할까요?
2 젊은 세대 중 채식주의자가 느는 이유는 뭘까요?
3 비건 인구가 늘어난다면 어떻게 대비해야 할까요?

내용 확인하기 정답 1. (1) 비건 (2) 미닝아웃 (3) 식물성 대체식품 2. 온실가스, 가축 사료, 비건, 22%

사회   3. 우리 동네 이기주의

여러분이 사는 지역에 공항과 쓰레기장 중 어떤 시설이 생기면 좋을까요?
만약 모든 지역에서 쓰레기장 건설을 반대한다면, 쓰레기장은 어디에 세워야 할까요?

📰 시사 용어 미리 보기

아래 문장을 읽으면서 모르는 단어에 ○표 하고 기사에서 확인하세요.

1 님비 현상 때문에 쓰레기 소각장 건립이 미뤄지고 있다.
2 새 도서관을 우리 마을에 세워 달라고 주장하는 것은 핌피 현상의 사례이다.
3 원자력 발전소 건립을 모든 지역에서 거부하는 것은 바나나 현상에 해당한다.

◆ 서사원 신문

월   일

님비, 핌피가 없어야 지역이 산다!

　최근 한 도시의 주민들이 119 안전센터 건립을 반대하는 민원을 냈습니다. 집 주변에 119 안전센터가 생기면 집값이 떨어질 수 있고, 사이렌 소음으로 시끄러워진다는 이유였습니다. 또, 주민들이 쓰레기를 소각하는 자원순환센터 건설을 반대한 사례도 있었습니다. 이처럼 혐오 시설이 자기 지역에 들어서는 일을 반대하는 것을 님비라고 부릅니다. '우리 집 뒷마당은 안 돼요(Not In My Back Yard)'라는 뜻입니다.

　반대로, 수도권 철도 노선 신설을 둘러싸고 갈등이 일어난 적도 있습니다. 철도 노선을 따라 집값이 오를 테니, 자기 지역에 역을 유치하려고 다툼이 일어난 것입니다. 이것을 핌피라고 합니다. '우리 집 앞마당에 지어 주세요(Please In My Front Yard)'를 줄인 말입니다. 사람들은 주로 공원, 종합병원, 박물관 등 지역 주민의 삶의 질을 높이거나 지역 경제를 활성화하는 시설을 선호합니다.

　지역 이기주의에는 님비, 핌피뿐만 아니라 바나나 현상이라는 것도 있습니다. '어디에든 아무것도 짓지 마세요(Build Absolutely Nothing Anywhere Near Anybody)'라는 의미입니다. 자기 지역은 물론 다른 지역에도 쓰레기 매립장이나 소각장, 원자력 발전소 등 모든 종류의 개발이 이루어지는 것을 반대하는 것입니다.

　지역 간 갈등의 원인은 대부분 '노비즘(Nobyism)'으로 설명할 수 있습니다. 노비즘이란 공공의 이익을 해치더라도 자신에게 손해가 되지 않는 일이라면 무관심한 것을 말합니다. 이는 자신의 이익만을 생각하는 사고방식입니다. 하지만 그릇된 개인주의는 건강한 사회를 만들어 나가는 데 걸림돌이 된다는 사실을 기억해야 합니다.

🔍 관련 기사 헤드라인 모아 보기

▎우리 지역만 아니면 상관없다! 노비즘?

▎쓰레기 매립지 논란, 님비는 이제 그만!

▎너도나도 소각장 NO, 신공항 YES
　지역 갈등 부추기는 님비와 핌피

▎"집 앞이면 웃고, 집 아래면 울고"
　님비, 핌피 온상 된 광역급행철도 GTX

시사 개념 확인하기

님비	공공의 이익에는 부합하는 일이더라도 자기 지역에 불리하다면 반대하는 것을 말해요. 주로 위험 시설이나 혐오 시설이 들어서는 것을 반대하지요.
핌피	지하철역이나 문화시설, 종합병원 등 수익성이 있는 사업이나 시설을 자신이 사는 지역에 유치하려는 현상을 말해요.
바나나 현상	자신의 지역뿐 아니라 다른 모든 지역에 어떠한 개발도 허용하지 않는 입장이에요.
노비즘 (Nobyism)	오로지 자신에게 미치는 영향만 중요하게 여기는 철저한 개인주의를 의미해요.

내용 확인하기

1 시사 개념의 설명으로 알맞은 것에 ○표 하세요.

(1) **님비** ㉠ 지역의 이익보다 공공의 이익을 추구하는 행동. ㉡ 지역에 이익이 되지 않는 일을 반대하는 행동.

(2) **핌피** ㉠ 지역에 이익이 되는 일을 반대하는 행동. ㉡ 지역에 이익이 되는 시설을 들이려는 행동.

(3) **노비즘** ㉠ 자신이 손해 보지 않는 일에는 무관심한 현상. ㉡ 자신이 손해 보는 일이 아닌데도 관심을 가지고 반대하는 현상.

2 빈칸에 알맞은 말을 채워 이 기사를 요약해 보세요.

> 보기 노비즘, 바나나 현상, 님비, 핌피

지역 이기주의에는 자신의 지역에 혐오 시설 설립을 반대하는 _____, 지역 발전에 유리한 시설을 건설하고 싶어 하는 _____, 지역 구분 없이 각종 개발 자체를 반대하는 _____ 이(가) 있다.

비판적으로 생각하기

1 보통 어떤 시설이 들어서는 것을 반대할까요?

2 보통 어떤 시설이 들어서는 것을 찬성할까요?

3 지역 이기주의를 해결하는 방법은 무엇일까요?

내용 확인하기 정답 1. (1) ㉡ (2) ㉡ (3) ㉠ 2. 님비, 핌피, 바나나 현상

사회 — 4. 촉법소년, 위험한 방패

나날이 늘어나는 청소년 범죄.
나이를 방패 삼은 일탈 행위를 어떻게 막을 수 있을까요?

시사 용어 미리 보기

아래 문장을 읽으면서 모르는 단어에 ○표 하고 기사에서 확인하세요.

1 온라인 신종 범죄가 늘어나면서 보호처분을 받은 촉법소년의 수가 7,000명을 넘어섰다.
2 촉법소년은 형사 처벌 면제 대상이다.
3 현행 소년법상 10세 이상 14세 미만은 보호처분을 받는다.

◈ 서사원 신문   월   일

처벌 안 되니까 괜찮아!
촉법소년 논란

비행소년이 일으키는 범죄 수가 매년 늘고 그 수법도 흉악해지는 추세입니다. 그중에서도 형사 책임을 묻지 않는 **촉법소년**의 범죄는 2020년 9,606건에서 2022년 1만 6,435건으로 계속 증가하는 추세를 보이고 있습니다.

현행 **소년법**상 10세 이상~14세 미만의 청소년은 촉법소년에 해당하는데, 위법 행위를 저질렀을 때 **형사 처벌**을 받지 않지만 **보호처분**은 받을 수 있습니다. 법원의 소년부로 넘겨져 감호 위탁이나 사회봉사, 소년원 송치 등 1~10호까지의 보호처분을 받게 되는 것입니다. 어린 나이를 감안하여 **면죄부**를 주는 셈입니다.

문제는 미성년자가 자신이 처벌 대상이 아니라는 점만 믿고 범죄를 일으키는 경우가 늘고 있다는 점입니다. 심지어 집단폭행, 성폭행 등 악질적인 범죄를 저지르는 경우도 많아졌습니다. 하지만 가해자들은 청소년이라는 이유로 정학, 훈방 조치 정도의 경미한 처벌을 받았습니다. 범죄를 저지른 어떤 청소년은 경찰 조사에서 "장난이었다, 재밌어서 그랬다"고 진술했다고 합니다.

촉법소년 연령 기준은 2008년 이후로 그대로여서, 촉법소년 연령을 하향해야 한다는 지적이 꾸준히 나오고 있습니다. 이에 촉법소년 연령을 기존 만 14세 미만에서 13세 미만으로 낮추는 개정안이 발의되기도 했습니다. 하지만 유엔의 국제인권 기준에 맞지 않는다는 이유로 통과하지 못하고 있습니다. 촉법소년 연령 하향을 반대하는 사람들은 단순히 연령을 낮춰 청소년을 범죄자로 낙인찍기보다는 교화에 힘쓰는 것이 맞고, 기존 보호처분 체계를 개선하는 등 전반적인 제도 정비가 이뤄지는 것이 우선이라고 주장합니다.

🔍 관련 기사 헤드라인 모아 보기

▶ '무소불위' 촉법소년, 불붙는 논란

▶ 주차장 '소화기 테러' 촉법소년들, 차량 41대 피해

▶ 끊이지 않는 촉법소년 논란 "교화 시설부터 제대로 갖춰야"

▶ "전 촉법인데요?" 막 나가는 소년들에 대책 마련 한목소리

비행소년, 촉법소년	비행소년은 죄를 범한 19세 미만의 소년을 말해요. 그중, 형벌 법규를 위반하였으나 형사 책임을 묻지 않는 10세 이상 14세 미만인 소년을 촉법소년이라고 해요.
소년법	범죄 행위를 한 소년을 처벌하기보다는 교정하는 것을 목적으로 제정한 법률이에요.
형사 처벌, 보호처분	형사 처벌은 형법상 범죄 행위에 대한 법적인 처벌을 의미해요. 보호처분은 벌보다는 선도와 보호, 교화를 위한 처분을 뜻해요.
면죄부	책임이나 죄, 벌을 없애 주는 것을 이르는 말이에요.

1 초성을 참고하여 문장에 들어갈 알맞은 시사 용어를 써 보세요.

(1) 범죄 행위를 한 소년을 교정하려 제정한 법률을 ㅅ ㄴ ㅂ (이)라고 한다.

(2) 비행 소년 중 형사 책임을 묻지 않는 10세 이상 14세 미만인 소년을 ㅊ ㅂ ㅅ ㄴ (이)라고 한다.

(3) 범죄 행위를 한 소년에게 벌을 주기보다는 보호와 교화를 위해 내리는 처분을 ㅂ ㅎ ㅊ ㅂ (이)라고 한다.

2 이 기사를 이해한 내용으로 맞는 것은 ○표, 틀린 것은 ✕표 하세요.

(1) 촉법소년의 비행 문제가 매년 늘어나고 있다. (   )

(2) 국제 기준에 따라 촉법소년 연령을 하향하자고 주장하는 사람들도 있다. (   )

(3) 촉법소년 연령 하향을 반대하는 사람들은 청소년을 범죄자로 낙인찍는 데 급급하기보다는 전반적인 제도 정비가 필요하다고 보고 있다. (   )

비판적 생각하기

1 비행소년은 왜 성인들과 다른 처벌을 받을까요?
2 촉법소년의 연령을 하향해야 한다는 주장의 근거는 뭘까요?
3 촉법소년의 비행을 줄이기 위한 다른 방법은 무엇이 있을까요?

내용 확인하기 정답 1. (1) 소년법 (2) 촉법소년 (3) 보호처분 2. (1) ○ (2) ✕ (3) ○

사회   5. 어린이 출입 금지라고요?

📰 시사 용어 미리 보기

아래 문장을 읽으면서 모르는 단어에 ○표 하고 기사에서 확인하세요.

1 노 키즈 존이 늘어나는 것에 문제의식을 지닌 사람들이 늘어나고 있다.
2 노 키즈 존, 노 시니어 존 등이 늘어나면서 상대적 박탈감을 느끼는 사람이 많아졌다.
3 저출생 현상이 심해지는 상황에서 특정 세대를 배제해서는 안 된다.

◆ 서사원 신문

노 키즈 존은 자율일까, 차별일까?

전국 곳곳에 생긴 **노 존(No Zone)** 업장을 둘러싼 사람들의 의견 대립이 좁혀지지 않고 있습니다. 이른바 '진상 고객'을 막기 위함이라는 주장이 있는 반면, 집단 이기주의라는 비판도 있습니다. 대표적인 노 존인 **노 키즈 존**은 영유아 및 어린이 출입을, **노 시니어 존**은 노인 출입을 금지하는 곳을 의미합니다.

성인 1,000명을 대상으로 조사한 결과, 전체 응답자의 무려 71%나 '노 키즈 존을 허용할 수 있다'고 응답했습니다. 노 키즈 존을 찬성하는 이유로는 다른 손님에 대한 배려, 매장 환경이나 분위기 개선, 어린이 안전사고 예방 등이 꼽혔습니다. 노 시니어 존은 노 키즈 존에 비하여 많지는 않지만 가게 분위기를 흐린다는 이유로 조금씩 늘고 있습니다.

노 키즈·노 시니어 존 운영에 찬성하는 사람들은 가게에 어떤 손님을 받을 것인지는 영업주의 재량이라고 합니다. 반면, 반대하는 사람들은 '노 존'이 우리 사회가 지양해야 하는 차별의 집합체라고 이야기하고 있습니다. 출입이 금지된 당사자는 **상대적 박탈감**을 느낄 수 있기 때문입니다.

현재 노 키즈·노 시니어 존을 운영한다고 해서 자영업자가 법적 처벌을 받지는 않습니다. 영업의 자유가 있기 때문입니다. 다만 2017년, 국가인권위원회는 노 키즈 존을 차별 행위로 판단했습니다. 전문가들도 "영유아나 노인을 서로 배려하고 돕는 존재로 생각해야 한다"며 "사회적 공감대를 형성할 수 있는 문화적 분위기가 마련돼야 한다, **저출생, 고령화** 사회인 만큼 구성원들 간 배려가 필요하다"고 강조했습니다.

🔍 관련 기사 헤드라인 모아 보기

▸ 한국, 출산율 꼴찌인데 '노 키즈 존'이 웬 말

▸ 세대 갈등 부르는 '문전박대'… 노 키즈, 노 시니어 존 운영 설왕설래

▸ 노 키즈 말고 케어 키즈 존, 예스 키즈 존 어때요?

▸ '노 시니어 존', '노 중2 존' 갈수록 많아지는 노○○존

 **시사 개념 확인하기**

노 존 (No Zone)	특정 대상을 제한하는 공간이에요. 어린이 출입을 제한하는 노 키즈 존과 나이 많은 사람의 출입을 금지하는 노 시니어 존이 있어요.
상대적 박탈감	실제로 잃은 것이 없더라도 다른 사람과 비교하여 부족하다고 여기거나, 자신의 기대와 현실이 달라 생기는 불안감을 의미해요.
저출생, 고령화	저출생은 태어나는 아이의 수가 감소하는 현상을, 고령화는 전체 인구 가운데 65세 이상 노년 인구가 차지하는 비율이 높아지는 현상을 뜻해요.

 **내용 확인하기**

1 시사 개념의 알맞은 설명을 찾아 선으로 이어 보세요.

(1) 노 키즈 존 •   • ㉠ 다른 사람과 비교하여 부족하다고 여기는 불안감.

(2) 저출생 •   • ㉡ 태어나는 아이의 수가 감소하는 현상.

(3) 상대적 박탈감 •   • ㉢ 영유아와 어린이의 출입을 제한하는 곳.

2 빈칸에 알맞은 말을 채워 이 기사를 요약해 보세요.

> 보기 상대적 박탈감, 노 시니어 존, 차별, 노 키즈 존

> 전국 곳곳에 특정 대상의 입장을 제한하는 노 존 영업장이 늘고 있다. 특히, 어린이 출입을 금지하는 노 키즈 존과 노인의 출입을 금지하는 _____ 에 대하여 대상 고객들은 _____ 을/를 느끼고 있다. 이러한 노 존 영업은 사회적 _____ 을/를 조장하여 비판의 대상이 되고 있다.

비판적으로 생각하기

1 노 키즈 존, 노 시니어 존을 운영하는 이유는 무엇일까요?
2 출입 금지를 당한 어린이나 노인들은 어떤 기분일까요?
3 자영업자의 자율을 침해하는 것과 고객이 차별받는 것 중 어느 쪽이 더 나쁠까요?

내용 확인하기 정답 1. (1) ㉢ (2) ㉡ (3) ㉠ 2. 노 시니어 존, 상대적 박탈감, 차별

사회   6. 대학 입시에 학폭을?

대학 입시에 학교폭력을 반영한다면 학교폭력을 근절할 수 있을까요?

📰 시사 용어 미리 보기

아래 문장을 읽으면서 모르는 단어에 ○표 하고 기사에서 확인하세요.

1 학교폭력 피해자의 고통을 고려해, 가해 학생을 엄격하게 처벌해야 한다.
2 학교폭력 조치 사항을 학생부에 기재하는 것이 낙인찍기라는 논란이 있다.
3 학교폭력을 예방하고 학생 인권을 보호할 수 있는 근본적인 대책이 필요하다.

◈ 서사원 신문

그러니까 학교폭력 하지 마!

　앞으로 **학교폭력** 가해 학생은 대학교 입학 전형에서 불이익을 받습니다. 2026학년도부터는 대학교 입학을 위해 치르는 모든 전형에 학교폭력 징계 사항을 반드시 반영해야 하기 때문입니다. 학교폭력 **피해자**는 일상생활이 어려워졌는데 **가해자**는 명문대에 진학하여 즐거운 대학 생활을 누리는 것은 잘못되었다고 보는 사람이 많습니다. 학교폭력 가해 학생을 보다 엄중하게 처벌해야 한다는 요구에 따라, 교육부는 2023년에 '학교폭력 근절 종합대책'을 발표했습니다.

　학교폭력 근절 종합대책은 학교폭력 조치 사항을 대학 입시에 반영하고 그 기록물은 졸업 후 최대 4년까지 남긴다는 내용을 담고 있습니다. 취업 등 사회 진출에 중대한 불이익을 주자는 방안도 함께 검토됐으나 이것은 무산되었습니다. 단순히 처벌을 강화하는 것일 뿐 가해 학생을 지도하는 효과는 적을 것이라는 이유로 많은 사람들의 반대에 부딪혔기 때문입니다.

　가해자라는 **낙인**찍기만을 목표로 한다면 온전한 대책을 마련하기 어려울 것입니다. 단순히 가해자의 삶을 망가뜨리는 결과만 낳을 수 있기 때문입니다. 이는 '학생 **인권** 보호'와 '건전한 사회 구성원 육성'이라는 '학교폭력예방법'의 목적에 부합하지 않습니다. 그리고 가해자에게 엄중한 벌을 내리는 것은 이미 학교폭력이 벌어진 뒤에 할 수 있는 일이니, 학교폭력을 예방하기 위한 대책이라고 보기에는 어렵습니다. 학교폭력 문제를 근본적으로 해결하려면 교육적 차원에서 가해자와 피해자의 화해와 교류를 강화하는 프로그램이 필요하다는 주장도 있습니다.

🔍 관련 기사 헤드라인 모아 보기

- 주요 국립대, '학교폭력' 2026년도 입시에 반영
- 학교폭력 가해자 '자비 없다' 입시 때 불이익 주고, 기록 삭제 까다롭게
- 학교폭력에는 '무관용'… 가해 기록 4년간 보존
- 2026학년도 대입부터 '학교폭력' 의무 반영, 자퇴해도 학생부 요구 가능

 **시사 개념 확인하기**

학교폭력	학교 안팎에서 학생을 대상으로 한 폭력이에요. 폭행, 감금, 협박, 모욕, 성폭력, 따돌림뿐만 아니라 SNS 폭력도 포함해요.
가해자, 피해자	가해자는 다른 사람의 생명, 신체, 재산, 명예 따위에 해를 끼친 사람을 말해요. 피해자는 그런 피해를 받은 사람이에요.
낙인	'낙인'은 가축 몸에 불로 달궈 지워지지 않는 쇠도장을 찍는 것을 의미해요. 오늘날에는 좋지 않은 일로 문제를 일으킨 것이 꼬리표처럼 따라다니는 것을 뜻해요.
인권	인간으로서 당연히 가지는 권리를 의미해요. 학교폭력 가해 기록으로 학생들이 인권을 침해당할 수 있다는 비판이 있어요.

 **내용 확인하기**

1 시사 개념의 알맞은 설명을 찾아 선으로 이어 보세요.

(1) 인권　　　　　　　　　　• ㉠ 인간으로서 당연히 가지는 권리.

(2) 낙인　　　　　　　　　　• ㉡ 자신의 생명, 신체, 재산, 명예 따위에 피해를 받은 사람.

(3) 피해자　　　　　　　　　• ㉢ 불명예스럽고 좋지 못한 평가.

2 괄호 안에 들어갈 알맞은 말을 골라 이 기사를 요약해 보세요.

> '학교폭력 근절 종합대책'에 따르면, 2026년부터 대학교 입시에서 (학교폭력/수업방해) 징계 사항을 반드시 반영하고, 그 기록물을 졸업 후 4년 동안 남겨야 한다. 학교폭력 (가해자/피해자)에 대한 엄중한 처벌이 필요하다는 의견과 (낙인/사진) 찍기로 학생 (인권/사생활)을 침해한다는 의견이 서로 부딪히고 있다.

비판적으로 생각하기

1 학교폭력 징계 사항을 대학 입시에 반영하는 이유는 무엇일까요?
2 학교폭력이 입시에 반영되었을 때 생기는 부정적인 영향은 무엇일까요?
3 학교폭력 문제를 근본적으로 해결하려면 어떻게 해야 할까요?

내용 확인하기 정답　1. (1) ㉠ (2) ㉢ (3) ㉡　2. 학교폭력, 가해자, 낙인, 인권

사회   7. 우리나라가 사라진대요!

2070년의 새로운 교실 풍경을 소개합니다. 진짜 이렇게 되면 어쩌지요?

텅~

우리 반에 나 혼자뿐이라니….

📰 시사 용어 미리 보기

아래 문장을 읽으면서 모르는 단어에 ◯표 하고 기사에서 확인하세요.

1. 전 세계 국가들이 합계 출산율을 올리기 위한 정책을 내놓고 있다.
2. 대체 출산율을 따라가지 못하면 인구를 유지할 수 없다.
3. 많은 젊은 부부들이 딩크족으로 살아가고 있다.

◈ 서사원 신문   월   일

출산율 꼴찌…
대한민국이 큰일 났어요!

　대한민국은 결혼한 부부 한 쌍이 한 명의 아이도 낳지 않는 나라가 됐습니다. 2024년, 우리나라의 **합계 출산율**은 0.74명이었습니다. 합계 출산율은 여성 한 명이 낳을 것으로 예상되는 아이의 수를 말합니다. 2018년에는 합계 출산율이 0.98명으로 사상 처음 한 명 아래로 내려가더니, 2020년에는 급기야 0.84까지 추락했습니다.

　합계 출산율이 낮아지면 어떤 일이 생길까요? 결혼한 부부가 적어도 두 명 이상의 아이를 낳아야 기존의 인구 수준을 유지할 수 있습니다. **대체 출산율**이라고 부르는 이 수치는 2.1로 정해져 있습니다. 그런데 우리나라의 합계 출산율이 0.74까지 떨어졌다고 했지요? 이건 한 세대가 지나고 나면 인구가 3분의 1 수준으로 줄어든다는 것을 뜻합니다. 두 명이 결혼해서 다음 세대에 약 0.74명 정도만 남기는 꼴이기 때문입니다.

　OECD는 합계 출산율이 2.1명 이하인 나라를 저출산 국가로, 1.3명 이하인 나라를 초저출산 국가로 분류합니다. 우리나라는 합계 출산율이 1.18명이었던 2002년부터 초저출산 국가로 분류되고 있습니다.

　우리나라가 초저출산 국가가 된 원인은 무엇일까요? 전문가들은 젊은 층이 과도한 일자리 경쟁과 주거 불안에 시달리고 있어 아이를 낳기 어려워졌다고 말합니다. **딩크족**이 늘어난 것 또한 저출생 현상의 큰 원인이라고 보고 있습니다. 딩크족은 자녀를 낳지 않아 생기는 경제적인 여유를 반려동물을 키우거나 취미 활동을 하는 데 투자하는 게 낫다고 여긴다고 합니다.

🔍 관련 기사 헤드라인 모아 보기

▸ 70대 이상 인구, 20대보다 많아졌다!

▸ 저출생 후폭풍!
　학생도, 학교도, 교사도 사라져!

▸ 외신, 저출산 또 경고! 한국 소멸론 말해

▸ 저출생에 정원 못 채우는 어린이집, 지원금 늘린다

 시사 개념 확인하기

합계 출산율	여성 한 명이 낳을 것으로 예상되는 평균 자녀 수를 의미해요. 합계 출산율이 낮다는 것은 태어나는 아기 수가 적다는 의미지요.
대체 출산율	현재의 인구 수를 유지하는 데 필요한 출생아 수를 뜻해요. 현재 우리나라의 대체 출산율은 2.1로, 두 명 이상의 자녀를 낳아야 지금의 인구가 유지돼요.
OECD	세계 경제의 협력을 위해 만들어진 경제협력개발기구예요. 우리나라는 1996년에 가입했어요.
딩크족	'Double Income No Kids'의 앞 글자를 따서 만든 말로, 의도적으로 아이를 갖지 않는 맞벌이 부부를 말해요.

 내용 확인하기

1 시사 개념의 알맞은 설명을 찾아 선으로 이어 보세요.

(1) OECD • 　　　• ㉠ 경제협력개발기구.

(2) 딩크족 • 　　　• ㉡ 한 여성이 낳을 것으로 기대되는 평균 자녀 수.

(3) 합계출산율 • 　　　• ㉢ 자녀가 없는 맞벌이 가정.

2 빈칸에 알맞은 말을 채워 이 기사를 요약해 보세요.

> 보기　대체, OECD, 초저출산, 합계, 0.74

2024년의 우리나라 _____ 출산율은 0.74로, _____ 출산율인 2.1보다 훨씬 미치지 못한 우리나라는 2002년부터 _____ 국가이다.

비판적으로 생각하기

1 왜 출산율이 떨어지고 있을까요?
2 출산율이 떨어지면 어떤 일들이 생기나요?
3 출산율을 높이려면 어떻게 해야 할까요?

내용 확인하기 정답　1. (1) ㉠ (2) ㉢ (3) ㉡　2. 합계, 대체, 초저출산

사회   8. 카페에서 공부해도 될까요?

카페에 앉아 오랫동안 공부하는 '카공족'이 늘어나면서 골머리를 앓는 카페 사장님들이 늘어나고 있어요.

저 친구들 오늘도 나랑 같이 퇴근하는 거 아냐?

📰 시사 용어 미리 보기

아래 문장을 읽으면서 모르는 단어에 ○표 하고 기사에서 확인하세요.

1 카공족에 뿔난 자영업자들이 노 스터디 존을 선언했다.
2 자영업자들은 카공족을 막기 위해 난방을 끄고 콘센트를 막기도 한다.
3 장시간 머무는 카공족 때문에 회전율이 떨어져 가게 매출이 떨어진다.

◈ 서사원 신문   월   일

늘어나는 카공족에 노 스터디 존이 답?

'**카공족**'이라는 말을 들어봤나요? 카공족 때문에 속앓이하는 **자영업자**들이 늘어나고 있습니다. 공부하기 위해 음료 한 잔을 주문한 채 5~6시간 이상 카페에 머무르거나 4인석에 혼자 자리를 차지하고 있는 등 이른바 '민폐 손님'이 늘어나고 있습니다.

그래서 최근 자영업자들 사이에 카공족을 피하기 위해 '**노 스터디 존**'을 선언하는 움직임이 퍼지고 있습니다. **회전율**을 높이기 위해 와이파이를 끄거나 시끄러운 댄스 음악을 트는 등 카페에 오래 머물지 못하게 하는 것입니다.

카공족뿐만 아니라 '과외족' 손님들에 대한 불만도 늘어나고 있습니다. 한 자영업자는 과외 교사인 손님이 자리 하나를 차지한 채 학생이 세 번 바뀌도록 앉아 있던 적도 있다며 분노했습니다. 이 밖에도 편의점에 앉아 공부하는 '편공족' 또한 새로운 고민거리로 떠오르고 있습니다.

카공족은 왜 카페에서 공부를 하는 걸까요? 공부를 하려고 카페에 오는 손님들은 도서관은 거리가 멀고 스터디카페는 비용이 부담돼 일반 카페를 이용한다고 합니다. 무더워진 날씨에 전기 요금이 부담되어 집이 아닌 카페에서 공부하는 경우도 있다고 합니다. 결국 카공족은 시민들이 자유롭게 시간을 보낼 수 있는 공공시설이 부족해 생긴 것입니다.

특히 대학교 주변 등 카공족이 많은 카페는 회전율이 낮아 창업 위험도가 높다고 합니다. 최저 임금, 임대료 등이 높아지는 상황에서 카공족과 상생하며 살아남기 위한 전략이 필요한 것입니다.

🔍 관련 기사 헤드라인 모아 보기

▌ 'NO 20대 존' 까페 등장 "카공족 물렀거라"

▌ "카공족 오면 '링딩동' 튼다"

▌ 3시간 공부하다 식당서 밥 먹고 온 카공족… 재주문 요구에 흥분

▌ "매출에 타격 크다" 하다하다 프린터까지… '카공족'에 힘든 자영업자 울분

 **시사 개념 확인하기**

카공족	카페에서 공부하는 사람들을 가리키는 말이에요.
자영업자	자신이 직접 사업을 경영하는 사람을 말해요. 스스로의 권한과 책임으로 사업을 운영하고, 그로부터 이익을 얻어요.
노 스터디 존	공부가 금지된 곳을 의미해요. 카페에 장시간 자리를 차지하는 카공족을 막기 위해 만들어졌어요.
회전율	식당이나 가게에서 손님들이 나가고 들어와 자리가 한 번 바뀌는 비율이나 정도를 뜻해요. 회전율이 빨라야 많은 손님을 받을 수 있지요.

 **내용 확인하기**

1 초성을 참고하여 문장에 들어갈 알맞은 시사 용어를 써 보세요.

(1) 카페에서 공부하는 사람들을 ㅋㄱㅈ (이)라고 한다.

(2) 음식을 빠르게 제공하면 가게의 ㅎㅈㅇ 이/가 높아질 것이다.

(3) 매장에서 오래 공부하는 손님을 줄이기 위해 ㄴ ㅅㅌㄷ ㅈ 을/를 운영하기도 한다.

2 괄호 안에 들어갈 알맞은 말을 골라 이 기사를 요약해 보세요.

> 많은 자영업자가 (카공족 / 키오스크) 때문에 속앓이하고 있다. 오래 머무르는 손님 때문에 새로운 손님이 들어오지 못해 (할인율 / 회전율)이 떨어져 매출에 타격을 입기 때문이다. 이는 시민들이 자유롭게 시간을 보낼 수 있는 (공공시설 / 안전시설)이 부족해 생긴 일이라고 보기도 한다.

 **비판적으로 생각하기**

1 사람들은 왜 카페에서 공부할까?

2 카공족을 줄이기 위해 자영업자들은 무엇을 시도하고 있나요?

3 카공족을 둘러싼 문제를 해결하려면 어떻게 해야 할까요?

내용 확인하기 정답 1. (1) 카공족 (2) 회전율 (3) 노 스터디 존 2. 카공족, 회전율, 공공시설

사회   9. 대한민국은 사교육 열풍

시사 용어 미리 보기

아래 문장을 읽으면서 모르는 단어에 ○표 하고 기사에서 확인하세요.

1 정부는 사교육 카르텔과의 전쟁을 선포했다.
2 저출생 현상으로 학령 인구가 감소했다.
3 전문가들은 사교육 부담은 줄이고 공교육의 질을 높이는 정책이 필요하다고 말했다.

◈ 서사원 신문   월   일

식지 않는 사교육 열풍, 이제는 영유아도?

저출생 현상으로 학령 인구는 줄어드는데 사교육에 대한 부담은 날로 커지고 있습니다. 초등학교 1학년 학부모 약 1만 명을 대상으로, 초등학교에 입학하기 전부터 사교육을 시킨 까닭을 물었습니다. 응답자의 48%는 자녀의 소질 계발을 위해서라고 답했고, 선행 학습을 위해서는 41.4%, 내 아이만 뒤처질까 봐 두렵기 때문이라는 응답은 23.5%였습니다. 맞벌이라 보육이 필요해서라는 답변은 23.2%였습니다.

특히 최근 들어 사교육 업계가 유아기의 교육이 중요하다며 학부모의 불안을 자극하고 있어, 사교육을 시작하는 연령도 갈수록 내려가는 추세입니다. 이번 조사에서 응답자의 15% 가량은 자녀가 다섯 살이 되기 전에 사교육을 시작했다고 답했습니다.

아이들이 영유아기부터 사교육의 굴레에 빠지면서 청소년기가 되어서도 공교육이 제 기능을 못 하는 악순환이 반복되고 있습니다. 전문가들은 아이들의 발달 단계를 무시한 사교육은 학습 동기나 흥미를 떨어뜨릴 수 있다고 지적했습니다. 특히 영유아 시기에는 선행 학습보다는 발달 단계에 맞는 교육이 중요하다고 말합니다. 사교육 의존도가 높은 학생은 오히려 자기 주도적 학습에 취약해질 수 있습니다. 우리나라의 사교육 카르텔 문제는 전 세계적으로 유명합니다. 시기를 놓치면 영원히 뒤처질 것처럼 불안감을 조장하는 사교육 업계의 공포 마케팅에 휘둘려선 안 됩니다.

그러나 초등학생 때부터 대학 입시를 준비하는 구조가 바뀌지 않는 한 영유아 사교육 열풍을 잠재우기는 어려울 것입니다. 의대 정원을 늘린다는 발표가 나자마자 초등 의대반이 늘어난 것만 봐도 알 수 있습니다. 경쟁에서 이기는 아이를 키우겠다는 학부모들의 태도가 변하려면 입시 제도와 공교육부터 바뀌어야 할 것입니다.

🔍 관련 기사 헤드라인 모아 보기

▸ 이제는 방치해선 안 될 영유아 사교육 열풍

▸ 사교육 카르텔 근절·교권 회복… 공정 교육 구축

▸ 교육청 '의대반 단속' 착수… 사교육 열풍 식을지는 미지수

▸ '의대 특수' 맞은 사교육 업계… 초등생 '지방 유학 붐' 전망도

 **시사 개념 확인하기**

학령 인구	학교에 다닐 수 있는 연령의 아동과 청소년의 수를 말하지요. 보통 6~21세를 의미해요.
영유아기	생애주기는 신생아기(4주 이내), 영유아기(0~6세), 학령기(7~18세), 청장년기(19~64세), 노년기(65세 이상)로 나뉘어요. 영아기와 유아기를 아울러 영유아기라고 해요.
사교육, 공교육	사교육은 학교 밖에서 이루어지는 모든 교육 활동을, 공교육은 학교에서 시행하는 교육 활동을 의미해요.
사교육 카르텔	사교육 기관들이 연합하여 시장을 독점하고, 가격을 높여 소비자에게 부담을 주는 현상을 말해요.

 **내용 확인하기**

1 시사 개념의 설명으로 알맞은 것에 ○표 하세요.

(1) **학령 인구** ㉠ 교육을 받는 연령에 해당하는 사람들의 수.   ㉡ 사교육을 받는 사람들의 수.

(2) **사교육** ㉠ 방과 후에 받는 모든 교육 활동.   ㉡ 학교 밖의 모든 교육 활동.

(3) **카르텔** ㉠ 독점하고 가격을 높이기 위해 연합하는 것.   ㉡ 모두가 누리기 위해 수를 늘려 가격을 낮추는 것.

2 괄호 안에 들어갈 알맞은 말을 골라 이 기사를 요약해 보세요.

> 저출생 현상으로 (고령 인구 / 학령 인구)는 줄어드는데 (공교육 / 사교육) 부담은 늘었다. 이는 (공교육 / 사교육) 불신, (맞벌이 / 고령화)로 인한 돌봄 공백 등에 이유가 있다.

비판적으로 생각하기

1 사교육을 받는 이유는 무엇일까요?
2 영유아기 사교육 의존도가 높으면 어떤 문제가 생길까요?
3 사교육 카르텔 문제를 해결하려면 어떻게 해야 할까요?

내용 확인하기 정답 1. (1) ㉠ (2) ㉡ (3) ㉠ 2. 학령 인구, 사교육, 공교육, 맞벌이

사회 | 10. 핑크가 여성의 색이라고요?

📰 시사 용어 미리 보기

아래 문장을 읽으면서 모르는 단어에 O표 하고 기사에서 확인하세요.

1 여성만 가사 노동을 하는 것처럼 표현한 광고는 고정 관념을 강화한다.
2 젠더 갈등이 만연한 가운데, 성 인지 감수성이 부족한 광고들이 논란이 되고 있다.
3 가부장적 사고방식에서 벗어나 젠더 감수성을 갖추기 위해 노력해야 한다.

◈ 서사원 신문   월   일

이제는 고정 관념에서 벗어나야 할 때

우리 사회에는 여전히 남성과 여성, 즉 성별에 대한 **고정 관념**이 남아 있습니다. 성별에 따라 어울리는 직업이 따로 있는 것처럼 표현하거나 여자아이는 분홍색, 남자아이는 파란색 물건을 써야 하는 것처럼 묘사하는 일 등이 해당합니다.

우리가 익숙한 동화 중에는 영웅이나 악당 등 강한 역할이 남성인 경우가 많습니다. 반면, 여자 주인공은 아름다운 모습으로 남자 주인공이 도와주기만을 기다리며 남들을 보살피는 존재로만 그려진 사례가 많습니다. **가부장적**인 색채가 강한 콘텐츠는 남자아이는 무조건 강인하고 용감하게, 여자아이는 외모에만 지나친 관심을 두게 표현하며 성 역할에 대한 인식을 한정하고 있습니다. 동화뿐만이 아닙니다. **젠더 감수성**을 갖추지 않은 광고를 만들었다가 기업의 이미지가 나빠진 사례도 있습니다.

특히 만 3~7세는 아이들이 성 정체성을 갖기 시작하는 시기입니다. 3세부터는 자신의 성을 뚜렷하게 인식합니다. 정확한 명칭을 사용하며 선호하는 놀잇감과 머리 모양, 옷차림 등으로 성별을 구분하기 시작합니다.

이런 유년기부터 성 역할에 대한 고정 관념이 생기면 자신의 가능성에 한계를 두며 자랄 수 있습니다. 그러므로 성 역할에 대한 편견이 생기기 전인 유아기부터 가정과 교육 기관에서 성평등에 대한 올바른 개념을 심어주어야 합니다.

어린이가 고정 관념을 갖게 되는 데에는 미디어가 끼치는 영향이 큰 만큼, 올바른 콘텐츠가 제작될 수 있도록 사회 전반의 인식을 바꿔 나가야 합니다. 더불어 소비자와 기업, 정부 등 모든 경제 주체가 **성 인지 감수성**과 관련된 문제 의식을 심각하게 받아들이고, 고정 관념을 완화하기 위해 머리를 맞대야 합니다.

🔍 관련 기사 헤드라인 모아 보기

- 세 살 성차별 버릇, 여든 살까지 간다
- "분홍색 = 여아용, 파란색 = 남아용" 구분 표기 성차별
- 영유아 교육 콘텐츠, 차별·혐오 표현 개선 필요성 대두
- 소방관, 경찰관은 모두 남자? 성차별 맞습니다

고정 관념	잘 변하지 않는 굳은 생각을 말해요. 예를 들면 성 역할에 대해서 예로부터 굳어져 온 사고방식이나 신념이 있지요.
가부장적	남자가 강력한 책임과 권한을 가지고 가족을 지도·통솔하는 것을 말해요.
젠더 감수성	남자, 여자가 상대방이 차별받지 않도록 조심하고 서로 이해하려는 태도예요. 예를 들어, '여자는 핑크색이지'가 고정 관념이라고 느낀다면 젠더 감수성이 있는 것이지요.
성 인지 감수성	어떤 제도나 활동이 남자와 여자에게 다르게 영향을 주지 않는지 살펴보는 눈이에요. 예를 들어, 학교 규칙이 한쪽 성별에게만 불편하지 않은지 생각해보는 것은 성 인지 감수성이에요. 사회 전체의 관점이지요.

1 시사 개념의 설명으로 알맞은 것에 ○표 하세요.

(1) **고정 관념** ㉠ 이미 굳어져서 쉽게 바뀌지 않는 생각. ㉡ 행동을 결정하는 굳은 신념.

(2) **성 인지 감수성** ㉠ 사람의 마음에 일어나는 여러 가지 감정. ㉡ 성차별 요소를 찾아내는 민감성.

(3) **젠더 감수성** ㉠ 다른 성에 대해서도 잘 이해하고 적응할 수 있는 능력. ㉡ 성별에 따라 부여되는 사회적 특성.

2 이 기사를 이해한 내용으로 맞는 것은 ○표, 틀린 것은 ✕표 하세요.

(1) 우리 사회에는 여전히 성별에 대한 고정 관념이 존재한다. (　　)

(2) 남자에게만 강인한 역할을 기대하는 것은 고정 관념에서 벗어난 생각이다. (　　)

(3) 소비자도 성 인지 감수성을 갖추어야 한다. (　　)

1 우리 사회에 아직 남아 있는 가부장적인 요소는 무엇이 있을까요?
2 어릴 때부터 성차별적인 콘텐츠를 접하면 어떤 문제가 생길까요?
3 아이들의 성 인지 감수성을 높이려면 어떻게 해야 할까요?

내용 확인하기 정답　1. (1) ㉠ (2) ㉡ (3) ㉠　2. (1) ○ (2) ✕ (3) ○

2

환경

우리에게 영향을 주는 다양한 자연적 조건과 사회적 상황이 있지요? 이런 것을 모두 아울러 환경이라고 말해요. 점차 발전하는 과학 기술과 사람들의 이기적인 마음 때문에 환경이 많이 망가지고 있어요. 나를 둘러싼 환경을 지키기 위해서는 어떻게 해야 할까요? 어떻게 하면 지구에서 모두가 오래오래 건강하게 살 수 있을까요?

시사 개념 한눈에 보기

1	옥수수로 움직이는 자동차	바이오에너지, 바이오에탄올, 석유, SAF
2	지구를 위하여!	지구의 날, 저탄소 생활, 소등 행사, 폴로깅
3	산림 훼손이 가져오는 재앙	열대우림, 허파, 티핑 포인트, 증발산
4	ESG 세상 만들기	ESG, 지속 가능, 가치 소비, 녹색 경영
5	자동차를 재활용하는 법	내연 기관, 폐차, 효용성, 업사이클링
6	소가 하는 트림이 문제라니!	메탄가스, 반추 동물, 되새김질, 박테리아
7	좀비 바이러스 부활	시베리아, 영구 동토층, 빙하, 온실 효과
8	날씨가 이상해요!	극한 기후, 제트 기류, 태평양, 적도
9	종이 팩 생수 프로젝트	지속 가능한 패키징, 알루미늄, 편의성, 펄프
10	쓰레기 대란이 걱정돼요	제로 웨이스트, 지자체, 선순환, 넷-제로

환경   1. 옥수수로 움직이는 자동차

환경을 지키는 새로운 에너지!
과연 장점만 있을까요?

시사 용어 미리 보기

아래 문장을 읽으면서 모르는 단어에 ○표 하고 기사에서 확인하세요.

1 남은 옥수수로 바이오에너지를 만들 수 있다.
2 자동차는 석유로 만든 기름을 넣어야 움직인다.
3 전문가들은 바이오에탄올이 지속 가능한 항공유로 쓰일 것이라고 기대한다.

◈ 서사원 신문　　　　　　　　　　　　　　　월　　　일

바이오에너지의 빛과 그림자

'바이오에너지'라는 말을 들어보았나요? 바이오에너지는 동물, 식물, 미생물 등을 발효시키거나 쓰레기를 태워서 얻는 여러 형태의 에너지를 말합니다. 바이오에너지 중에서 옥수수, 사탕수수 등의 식물을 발효시켜 걸러낸 액체를 바이오에탄올이라고 합니다. 석탄이나 석유 같은 화석 연료 대신에 사용할 수 있습니다.

미국은 바이오에너지 공급량이 이미 원자력에 맞먹는 수준에 도달해 있습니다. 또, 브라질에서는 사탕수수를 이용한 바이오에탄올 연료가 일찍이 활성화되었습니다. 러시아와 우크라이나의 전쟁 때문에 석유 가격이 크게 올랐기 때문에 바이오에너지 사용량은 점점 늘어나고 있습니다.

그중에서도, SAF(지속가능항공유)는 옥수수, 사탕수수 등을 이용해 만든 친환경 항공유입니다. 항공 연료는 전 세계 온실가스의 2%를 배출하지만, 전기나 수소로 대체하기가 쉽지 않아 SAF가 대체 연료로 주목받고 있습니다. SAF는 기존 항공유보다 탄소 발생량을 최대 80% 줄일 수 있기 때문입니다.

옥수수 생산지에서는 옥수수로 만든 바이오에너지가 에너지 가격 안정화와 에너지 자급률을 높일 수 있을 것이라는 긍정적인 전망을 내놓았습니다. 하지만 이와 달리, 정유업계에는 바이오에너지 사용량이 늘면 더 큰 혼란을 불러일으킬 것이라고 보는 시선도 있습니다. 새로운 유형의 휘발유에 맞춰 저장 탱크와 인프라를 구축해야 하고, 이러한 비용이 소비자가 지불하는 가격에 반영되기 때문입니다. SAF의 단가가 일반 연료보다 3~7배 비싸다며 다른 대안이 필요하다고 보는 사람들도 있습니다.

🔍 관련 기사 헤드라인 모아 보기

▌옥수수 에탄올 논쟁…
　석유 대체 연료 VS 식량난 초래

▌옥수수·사탕수수 등 바이오에너지
　산업 지원, 법으로 규정한다

▌'옥수수·밀 섞은 휘발유' 시범 도입 무산…
　정유사들, 도입할 이유가 없다

▌옥수수 등 곡물값 치솟아
　바이오에너지 성장 부진

시사 개념 확인하기

바이오에너지	동물, 식물, 미생물 등을 발효시키거나 쓰레기, 폐기물을 태워 얻는 에너지예요.
바이오에탄올	사탕수수, 옥수수 따위의 식물을 발효시켜 걸러낸 휘발성 액체예요. 휘발유와 혼합하거나 단독으로 자동차 연료로 사용해요.
석유	땅에 묻힌 생물이 오랜 기간 열과 압력을 받아 만들어진 액체 혼합물이에요. 휘발유, 등유, 경유, 중유 등으로 분리되어 이용되지요.
SAF (지속가능항공유)	항공기에 사용하는 친환경 연료를 의미해요. 폐식용유, 사탕수수 등 친환경 원료로 생산한 것이라 기존 항공유 대비 탄소 배출을 80% 줄일 수 있어요.

내용 확인하기

1 시사 개념의 설명으로 알맞은 것에 ○표 하세요.

(1) **SAF** — ㉠ 항공기에 사용되는 바이오에너지. / ㉡ 항공기에 사용되는 화학 연료.

(2) **석유** — ㉠ 땅속에 묻힌 생물이 열과 압력을 받아 만들어진 액체 혼합물. / ㉡ 땅속에 묻힌 생물이 열과 압력을 받아 만들어진 고체 혼합물.

(3) **바이오에너지** — ㉠ 플라스틱으로 만든 에너지. / ㉡ 친환경 재료로 만든 연료.

2 빈칸에 알맞은 말을 채워 이 기사를 요약해 보세요.

> 보기 온실가스, 바이오에너지, 석유, SAF

러시아와 우크라이나 전쟁으로 _____ 가격이 많이 올랐다. 이 때문에 세계 곳곳에서 휘발유 대신 _____ 을/를 연료로 사용하려는 움직임이 있다. 항공기에도 옥수수 등으로 만든 _____ 을/를 사용하여 탄소 발생량을 줄이려는 시도가 있다.

비판적으로 생각하기

1 바이오에너지를 사용하려는 이유는 무엇일까요?

2 바이오에너지를 사용하면 어떤 점이 좋을까요?

3 바이오에너지 사용을 확대하는 것이 어려운 까닭은 무엇일까요?

내용 확인하기 정답 1. (1) ㉠ (2) ㉠ (3) ㉡ 2. 석유, 바이오에너지, SAF

환경 2. 지구를 위하여!

지구가 아파하고 있어요.
우리는 지구를 위해 무엇을 할 수 있을까요?

지구야, 아프지 마.

📰 시사 용어 미리 보기

아래 문장을 읽으면서 모르는 단어에 ○표 하고 기사에서 확인하세요.

1 지구의 날을 맞아, 저탄소 생활을 실천하기 위해 자전거를 탔다.
2 10분간의 소등 행사는 온실가스 2,600kg을 감축하는 효과가 있다.
3 학교 체험학습으로 다 같이 플로깅을 하며 마을을 깨끗하게 만들었다.

◈ 서사원 신문   월   일

4월 22일은 지구의 날

매년 4월 22일은 '**지구의 날**'입니다. 1970년 4월 22일, 환경 파괴의 심각성을 알리기 위해 수많은 미국인이 거리로 나온 것이 시작이었습니다. 4월 22일이 지구의 날로서 세계적인 규모의 시민 운동으로 확산된 것은 1990년대부터였습니다. 오늘날에는 10억 명 이상의 시민들이 매년 지구의 날을 기념하고 있습니다.

2025년 지구의 날 주제는 '우리의 힘, 우리의 지구'였습니다. 재생 에너지 생산에 집중하여 2030년까지 청정 전력 생산량을 세 배로 늘리겠다는 다짐을 담은 주제였습니다. 이날은 정부, 지자체, 기업들이 자연과 지구를 보호하기 위해 다양한 활동을 펼쳤습니다.

우리나라에서는 매년 지구의 날을 포함한 일주일을 기후변화 주간으로 정해 놓았습니다. 전국 각지에서 기후변화의 심각성과 **저탄소 생활** 실천의 필요성을 널리 알리기 위한 다양한 행사를 진행합니다.

지구의 날에 하는 대표적인 일로는 **소등 행사**가 있습니다. 이는 약속한 시간 동안 전 세계에서 동시에 조명을 끄는 행사입니다. 매년 4월 22일 오후 8시부터 10분간 모두가 동시에 불을 끄는 것입니다. 소등 행사를 하면 이산화탄소 약 52톤을 감축하는 효과가 있습니다. 이는 30년생 소나무 8,000여 그루가 연간 흡수하는 이산화탄소의 양과 같다고 합니다. 이 외에도 조깅하면서 쓰레기를 줍는 **플로깅(Plogging)** 행사나 다회용기 사용 장려 이벤트, 채식 챌린지 등 각 지역의 특색에 맞는 행사를 하고 있습니다.

🔍 관련 기사 헤드라인 모아 보기

▎지구의 날 기념 소등 행사로
　저탄소 생활 실천 끌어내

▎지구의 날, 환경과 건강을 지키는
　'플로깅' 행사 곳곳에서

▎"지구의 소중함을 느끼는 10분"
　지역마다 지구의 날 소등 행사

▎지구의 날 맞이 탄소중립 실천
　온라인 인증 챌린지 열린다

 시사 개념 확인하기

지구의 날	환경오염 문제의 심각성을 알리기 위해 제정한 기념일로, 매년 4월 22일이에요.
저탄소 생활 (녹색 생활)	기후변화의 심각성을 인식하고 일상생활에서 에너지를 절약하여 온실가스와 오염 물질의 발생을 최소화하는 생활을 의미해요.
소등 행사	지구의 날 행사 중 대표적인 것이 바로 이 소등 행사예요. 10분 동안 전 세계의 모든 조명을 동시에 끄는 행사이지요.
플로깅 (Plogging)	조깅을 하면서 쓰레기를 줍는 행동을 의미해요. '이삭을 줍는다'는 뜻인 스웨덴어 'Plocka upp'과 영어 단어 'jogging(조깅)'의 합성어지요.

 내용 확인하기

1 시사 개념의 알맞은 설명을 찾아 선으로 이어 보세요.

(1) 플로깅 •　　　　　　　　　　• ㉠ 온실가스를 최소화하는 생활.

(2) 저탄소 생활 •　　　　　　　　• ㉡ 조깅을 하면서 쓰레기 줍는 행동.

(3) 지구의 날 •　　　　　　　　　• ㉢ 매년 4월 22일, 환경 보호를 위해 제정된 날.

2 이 기사를 이해한 내용으로 맞는 것은 ○표, 틀린 것은 ×표 하세요.

(1) 매년 5월 22일은 지구의 날이다. (　　)

(2) 지구의 날은 환경 파괴의 심각성을 알리기 위해 만들어졌다. (　　)

(3) 지구의 날에는 고탄소 생활 실천의 중요성을 알리기 위해 플로깅, 소등 행사 등 다양한 행사를 실시한다. (　　)

비판적으로 생각하기

1 지구의 날에 할 수 있는 또 다른 행사는 뭐가 있을까요?
2 2025년 지구의 날 주제는 어떤 의미가 있을까요?
3 저탄소 생활을 실천할 수 있는 다른 방법에는 무엇이 있을까요?

내용 확인하기 정답　1. (1) ㉡ (2) ㉠ (3) ㉢　2. (1) × (2) ○ (3) ×

| 환경 | **3. 산림 훼손이 가져오는 재앙** |

망가져 가는 지구의 허파를 지켜 주세요!

📰 시사 용어 미리 보기

아래 문장을 읽으면서 모르는 단어에 ○표 하고 기사에서 확인하세요.

1 지구의 허파로 불리는 아마존 열대우림이 심각하게 파괴되었다.
2 아마존 열대우림의 20~25%가 훼손되면 티핑 포인트가 올 수 있다.
3 아마존 열대우림은 증발산 작용을 통해 지구의 에어컨 역할을 한다.

◈ 서사원 신문   월   일

산림을 파괴하면
지구의 산소가 부족해져요!

　브라질의 아마존 **열대우림**은 지구의 산소 탱크입니다. 아마존에서 만든 산소는 대기의 흐름을 타고 지구 전체로 퍼져나가 대지와 인류를 숨 쉬게 합니다. 그래서 우리는 아마존을 '지구의 **허파**'라고 부릅니다.

　지구 육상 생물의 10% 이상이 서식하고 있는 아마존은 지구가 15~20년간 배출한 이산화탄소를 저장합니다. 또, 남미 전역에 비를 뿌리는 등 지구 생태계에 매우 중요한 역할을 하고 있습니다.

　하지만 이 아마존 열대우림이 가뭄, 벌목, 기후변화의 영향으로 자생적으로 회복 가능한 경계를 넘어섰다고 합니다. 아마존 숲의 15%는 이미 사라졌고 17%는 벌목과 화재 등으로 훼손됐습니다. 또, 지난 10년간의 장기 가뭄으로 아마존의 38%가 더 훼손되었을 가능성이 있습니다. 숲의 훼손 규모가 이미 25%를 넘었고, 2050년이 되면 아마존의 10~47%가 **티핑 포인트**에 도달하여 되돌리기 어려울 수 있습니다.

　산림 훼손은 기온에도 큰 영향을 미칩니다. 2050년까지 연간 최고 기온은 2~4도 상승하고 건조한 날도 지금보다 10~30일 더 많아질 것입니다. 나무는 인간이 땀을 흘리는 것과 비슷하게 **증발산** 작용을 통해 온도를 조절하는데, 나무 1그루는 가정용 에어컨 2~3대의 냉각 효과와 맞먹습니다. 그런 나무가 사라지면 기온이 높아집니다.

　아마존 지역의 산림 벌채가 계속될 경우, 먼저 인근 주민들이 견딜 수 없는 더위에 노출될 것입니다. 또, 아마존의 탄소 저장 능력이 감소해서 지구는 점점 더 뜨거워지고 기후변화는 더욱 가속화될 것입니다.

🔍 관련 기사 헤드라인 모아 보기

▍아마존 열대우림,
　이산화탄소 흡수 능력 줄어

▍아마존에 남은 시간 25년…
　2050년 통제 못할 붕괴 시작

▍산림 10% 사라질 때마다
　0.7℃씩 상승한다

▍산불, 가뭄 등
　아마존은 나무가 사라질 때마다 뜨거워졌다

열대우림	더운 날씨가 지속되고 1년에 2,000㎜ 이상의 많은 비가 내리며 울창한 숲을 이루는 곳을 열대우림이라고 해요.
허파	폐라고도 해요. 호흡을 담당하는 신체 기관으로, 들숨과 날숨을 통해 산소를 얻고 이산화 탄소를 배출해요.
티핑 포인트 (Tipping Point)	급격한 변화가 시작되어 되돌릴 수 없게 되는 순간을 말해요.
증발산	땅 표면에서 물이 기체로 변해 공기 중으로 흩어지는 '증발'과 땅속 수분이 잎으로 올라가 공기 중으로 달아나는 '증산'을 합하여 가리키는 말이에요. 내린 비의 70%는 증발산에 의해 공기 중으로 되돌아가요.

1 시사 개념의 알맞은 설명을 찾아 선으로 이어 보세요.

(1) 열대우림 • • ㉠ 증발과 증산을 합하여 가리키는 말.

(2) 티핑 포인트 • • ㉡ 덥고 비가 많이 내리는 열대지방의 삼림.

(3) 증발산 • • ㉢ 폭발적으로 변화하는 지점.

2 빈칸에 알맞은 말을 채워 이 기사를 요약해 보세요.

> 보기 티핑 포인트, 허파, 열대우림, 증발산

아마존 _____ 은/는 가뭄, 벌목 등의 영향으로 25% 이상 훼손되었다. 2050년이 되면 아마존의 10~47%가 _____ 에 도달한다. 나무는 _____ (으)로 온도를 조절하는데, 산림 훼손이 심해지면 연간 기온이 높아지고 건조한 날이 늘어날 것이다.

비판적으로 생각하기

1 아마존 열대우림이 왜 훼손되고 있는 걸까요?
2 열대우림이 훼손되면 어떤 문제가 생길까요?
3 산림 훼손을 막기 위해서는 어떻게 해야 할까요?

내용 확인하기 정답 1. (1) ㉡ (2) ㉢ (3) ㉠ 2. 열대우림, 티핑 포인트, 증발산

| 환경 | # 4. ESG 세상 만들기 |

최근 들어 소비자들은 물건을 살 때, 그 회사가 환경을 얼마나 생각하는지도 함께 살펴봐요. 그렇다면 기업들은 어떻게 해야 할까요?

시사 용어 미리 보기

아래 문장을 읽으면서 모르는 단어에 ○표 하고 기사에서 확인하세요.

1 많은 소비자들은 기업의 ESG 실천을 요구한다.
2 가치 소비를 지향하는 MZ세대는 환경을 고려한 제품을 선호한다.
3 여러 기업들이 녹색 경영에 동참하여 환경을 보호하고 있다.

◈ 서사원 신문   월   일

지속 가능한 지구를 위한 첫걸음, ESG

ESG라는 말을 들어본 적 있나요? ESG는 환경(Environmental), 사회(Social), 지배 구조(Governance)의 첫 글자를 조합한 단어로, 지속 가능한 기업 경영 방식을 의미합니다. 기업 활동에 친환경, 사회적 책임, 지배 구조 개선 등을 고려해서 기업을 경영해야 지속 가능한 발전을 할 수 있다는 개념입니다.

최근 소비자들은 친환경 제품을 선호하는 등 가치 소비에 대한 관심이 높아지고 있습니다. 이에 발맞춰 ESG 경영 방식을 도입하는 기업들이 증가하는 추세입니다. 소비자나 투자자들의 변화한 눈높이에 맞추기 위해 기업들도 환경을 생각한 '착한 상품'을 내놓기 바쁩니다.

전국 20~60대 성인 남녀 1,000명을 대상으로 한 온라인 설문조사에 따르면, 90.7%가 친환경 제품을 구매할 의사가 있다고 응답했습니다. 응답자의 95.3%는 일반 제품보다 가격이 비싸더라도 친환경 제품을 구매하겠다고 했습니다. 가격보다 자신이 추구하는 가치에 맞는 제품인지를 중요하게 여기는 경향이 나타나는 것입니다.

이러한 흐름에 맞춰, 녹색 경영을 추구하는 기업들이 늘어나는 것은 자연스러운 현상입니다. 2030년까지 사업장에서 사용하는 모든 전기를 신재생 에너지로 바꾸거나, 사업장 내부의 폐기물을 전량 재활용하려는 기업도 있습니다. 또, 소비자가 가져온 재사용 용기에 내용물을 다시 채워주는 '리필스테이션'을 운영해 불필요한 플라스틱 소비를 줄이려 한 사례도 있습니다.

🔍 관련 기사 헤드라인 모아 보기

▸ ESG 의무화는 글로벌 추세! 국내 현황은?

▸ ESG 못하면 투자 제한, 잘하면 성공 기회 확대

▸ ESG 전쟁, 가치 소비에 집중하는 기업들…

▸ 탄소중립 위한 ESG 가치 실현 넓혀가는 유통업계

 **시사 개념 확인하기**

ESG	환경(Environmental), 사회(Social), 지배 구조(Governance)의 첫 글자를 조합한 단어로, 지속 가능한 발전을 추구하는 기업 경영 방식을 말해요.
지속 가능	지금 우리가 누리는 것들을 미래 세대도 누릴 수 있도록, 자원을 아끼고 환경을 지키는 방식을 말해요.
가치 소비	광고에 휘둘리지 않고 자신이 중요하게 생각하는 가치를 중심으로 소비하는 방식이에요. 자신의 가치에 맞는 제품은 과감하게, 그렇지 않으면 실속 있게 소비해요.
녹색 경영	기업이 환경을 생각하면서 자연을 해치지 않도록 노력하는 경영 방식이에요. 에너지를 절약하고 환경오염을 최소화하면서 사회적 책임을 다하는 것이지요.

 **내용 확인하기**

1 시사 개념의 알맞은 설명을 찾아 선으로 이어 보세요.

(1) ESG •   • ㉠ 가치 있는 제품을 소비하려는 성향.

(2) 가치 소비 •   • ㉡ 지속 가능한 발전을 추구하는 기업 경영 방식.

(3) 지속 가능 •   • ㉢ 미래 세대까지 지속할 수 있게 환경을 지키는 것.

2 괄호 안에 들어갈 알맞은 말을 골라 이 기사를 요약해 보세요.

> 환경, 사회, 지배 구조의 영문 첫 글자를 조합한 (ESG / SEG)는 (이윤 추구 / 지속 가능) 경영 방식을 의미한다. 최근 자신이 중시하는 (가치 / 이윤)에 맞게 소비하려는 사람들이 늘었고, 이에 발맞춰 기업들도 녹색 경영을 실천하고 있다.

 **비판적 생각하기**

1 기업들이 ESG를 도입하는 까닭은 무엇일까요?
2 ESG의 좋은 점은 무엇일까요?
3 ESG에 맞는 가치를 실현하기 위해 어떻게 해야 할까요?

내용 확인하기 정답 1. (1) ㉡ (2) ㉠ (3) ㉢ 2. ESG, 지속 가능, 가치

환경 | 5. 자동차를 재활용하는 법

쓰지 않는 자동차는 어떻게 해야 할까요?
자동차 부품을 재활용할 방법이 없을까요?

시사 용어 미리 보기

아래 문장을 읽으면서 모르는 단어에 ○표 하고 기사에서 확인하세요.

1 탄소 배출을 줄이기 위해 내연 기관 차량을 전기차로 교체하는 사례가 늘고 있다.
2 폐차할 때 나오는 가죽 시트, 타이어 등을 재활용할 수 있다.
3 업사이클링을 통해 환경보호에 동참할 수 있다.

◆ 서사원 신문   월   일

자동차의 무한한 변신

　자동차 업계에서는 **내연 기관** 차량에서 전기차로 전환하려는 친환경 바람이 불고 있습니다. 버려지는 내연 기관 차량이 늘고 있는 만큼, **폐차**되는 자동차의 **효용성**을 높여야 한다는 목소리가 커지고 있습니다. 우리나라에서는 하루 평균 약 2,421대가 폐차되고 있으며 매년 최고치를 달성하고 있습니다.

　폐차할 때 새롭게 만들 수 있는 경제적 가치는 연간 수천억 원 이상이라고 합니다. 차체를 고철로 압축해 팔거나 타이어, 헤드램프 등 폐부품을 재활용해 얻는 수익이 1대당 약 53만 원 정도나 되기 때문입니다. 정부는 폐차 재활용률 목표를 95%로 정했지만, 실제 재활용률은 수년째 90%를 밑돌고 있습니다.

　다행히 최근 자동차 재활용률을 높이려는 변화의 물결이 자동차 업계 전반에 일어나고 있습니다. 특히 자동차에서 버려진 소재를 이용한 '**업사이클링**' 제품이 주목받고 있습니다. 재활용을 넘어 아주 새로운 제품으로 생산하는 것입니다. 국내의 한 자동차 기업은 폐가죽 시트 등 자동차 폐기물로 업사이클링한 자켓, 후드 등을 선보였습니다. 마모되어 버려지는 타이어로 다양한 디자인의 신발을 제작한 사례도 있습니다.

　자동차 부품을 만드는 한 회사에서도 업사이클링 키링과 장바구니를 공개했습니다. 매달 7톤씩 발생하는 시트 폐기물을 재활용할 방법을 고민해 온 끝에 기획하게 된 제품이라고 합니다. 친환경적인 소비 문화가 각광을 받고 있는 시대인 만큼, 긍정적인 브랜드 이미지를 갖추기 위해서라도 업사이클링을 시도하는 분위기가 계속될 것으로 보입니다.

🔍 관련 기사 헤드라인 모아 보기

▌옷으로 재탄생한 자동차 폐기물, '리스타일'

▌자동차 폐자재가 세련된 패션 제품으로 변신한다고?

▌친환경이 대세!
　업사이클링에 빠진 자동차 업계

▌"에어백으로 옷을?"
　자동차 업계에 부는 친환경 바람

 시사 개념 확인하기

내연 기관	연료를 데워 에너지를 얻는 기계 장치를 의미해요. 화석 연료를 태우기 때문에 온실가스를 많이 배출하지요.
폐차	낡거나 못 쓰게 된 차를 폐기하는 일을 뜻해요.
효용성	쓸모나 보람이 있는 성질을 의미해요. 폐차된 자동차를 재활용하는 것은 효용성을 높이는 일이지요.
업사이클링	버려진 제품을 단순히 재활용하는 차원을 넘어 새로운 가치를 더해(Upgrade) 전혀 다른 제품으로 다시 생산하는(Recycling) 것을 말해요.

 내용 확인하기

1 초성을 참고하여 문장에 들어갈 알맞은 시사 용어를 써 보세요.

(1) 화석 연료를 태워 에너지를 만드는 기관을 ㄴ ㅇ ㄱ ㄱ (이)라고 한다.

(2) ㅇ ㅅ ㅇ ㅋ ㄹ 은/는 재활용품 등에 디자인이나 실용성을 더해 가치를 높이는 것을 의미한다.

(3) 버려진 천이 가방으로 재탄생하며 ㅎ ㅇ ㅅ 이/가 높아졌다.

2 괄호 안에 들어갈 알맞은 말을 골라 이 기사를 요약해 보세요.

> 우리나라에서는 하루 평균 약 2,421대의 자동차가 (생산/폐차)된다. 버려진 자동차의 재활용률을 높이기 위해 다양한 (리사이클링/업사이클링) 제품을 만드는 움직임이 일고 있다. 이는 자동차가 환경오염의 주범인 (내연 기관/외연 기관)이라는 이미지를 벗어나기 위한 시도로 볼 수 있다.

비판적으로 생각하기

1 내연 기관은 왜 환경에 좋지 않을까요?
2 폐차 과정에서 생기는 문제점은 무엇일까요?
3 업사이클링의 장점에는 무엇이 있을까요?

내용 확인하기 정답 1. (1) 내연 기관 (2) 업사이클링 (3) 효용성 2. 폐차, 업사이클링, 내연 기관

| 환경 | # 6. 소가 하는 트림이 문제라니! |

소가 트림하면 메탄가스가 배출된다는 사실을 알고 있나요?
그런데 다행히 메탄가스를 크게 줄이는 방법이 발견되었다고 해요.

시사 용어 미리 보기

아래 문장을 읽으면서 모르는 단어에 ○표 하고 기사에서 확인하세요.

1 반추 동물에는 소, 양, 사슴, 기린 등이 있다.
2 반추 동물은 위 속 박테리아 때문에 트림이나 방귀로 메탄가스를 내뿜는다.
3 소 한 마리가 배출하는 메탄가스 양이 엄청나다.

◈ 서사원 신문   월   일

반추 동물이 배출하는 메탄가스 줄이는 법!

최악의 온실가스라고 불리는 **메탄가스**는 천연가스나 석유 등으로 에너지를 생산할 때를 비롯해 토지를 개발하거나 쓰레기를 처리할 때 생깁니다. 메탄가스는 이산화탄소의 85배 이상의 온실 효과를 일으키는 것으로 알려져 있습니다.

메탄가스는 소와 같은 **반추 동물**에게서도 배출됩니다. **되새김질**을 통해 장내 **박테리아**가 음식물을 분해하고 발효시키는데, 이 과정에서 온실가스인 메탄가스가 생성돼 트림이나 방귀로 배출되는 것입니다. 특히 우유 생산을 위해 사료를 많이 주는 젖소는 한우보다 훨씬 많은 메탄가스를 배출합니다.

그런데 최근 메탄가스를 먹는 박테리아를 활용하면 지구 온난화를 늦출 수 있다는 연구 결과가 나왔습니다. 이 박테리아는 대기 중의 메탄가스를 먹고 단백질 형태로 저장한다고 합니다. 메탄 농도가 높은 곳에서 번식한 박테리아를 쓰레기 매립지나 논 등에서 활용할 수 있습니다.

우리나라에서도 지구 온난화 대책에 발맞춰, 소의 가스 배출량을 줄이고 축산분뇨로 인한 온난화 효과를 억제하기 위한 연구를 계속하고 있습니다. 그 결과, 트림을 줄이기 위한 사료뿐만 아니라 소의 몸속 박테리아의 성장을 억제하는 약품 개발에 성공했습니다.

미국에서는 미생물에게 메탄가스를 먹여 비료로 바꾸는 기업도 있습니다. 미생물이 메탄가스 섭취 후 영양분을 만들면, 이를 곧바로 토양에 주입하여 비료로 쓰는 것입니다. 비료에 들어가는 비용을 절약할 수 있을 뿐 아니라, 환경에도 도움이 됩니다.

🔍 관련 기사 헤드라인 모아 보기

▎ 소에게 '메탄 다이어트 사료' 먹인다
축산업도 탈탄소 붐

▎ 메탄가스 배출량,
젖소 1.6마리=자동차 한 대

▎ 지구 온난화 주범 이산화탄소보다 더 센
메탄가스 잡는 박테리아

▎ 소고기 안 먹어야 지구가 산다,
메탄가스 폭탄 막을 대안 마련 시급

시사 개념 확인하기

메탄가스	각종 유기 물질이 썩어 분해될 때 발생하는 가스예요. 동물들이 되새김질을 할 때 많은 메탄가스가 생긴다고 해요.
반추 동물	한번 삼킨 먹이를 게웠다 다시 먹어 소화시키는 동물을 말해요. 기린, 사슴, 소, 양, 낙타 등이 있어요.
되새김질	한번 삼킨 먹이를 다시 게워 내어 씹는 일을 의미해요. '반추'라고도 해요.
박테리아	가장 미세한 단세포 생명체예요. 다른 생물체 안에서 기생하여 병을 일으키고 발효나 부패 작용을 일으키는 등, 생태계 순환에 중요한 역할을 하지요.

내용 확인하기

1 초성을 참고하여 문장에 들어갈 알맞은 시사 용어를 써 보세요.

(1) ㅁ ㅌ ㄱ ㅅ 은/는 동식물이 부패할 때 나오는 기체이다.

(2) 소와 같은 ㅂ ㅊ ㄷ ㅁ 은/는 소화 과정에서 삼킨 먹이를 다시 게워 냈다 먹는다.

(3) 동물이 삼킨 먹이를 게워 내어 다시 씹는 일을 ㄷ ㅅ ㄱ ㅈ (이)라고 한다.

2 빈칸에 알맞은 말을 채워 이 기사를 요약해 보세요.

> 보기 박테리아, 온실가스, 되새김질, 재활용

메탄가스는 소처럼 _____ 을/를 하는 반추 동물에게서 배출되며, 이는 최악의 _____ (으)로 불린다. 하지만 최근 메탄가스를 먹는 _____ 을/를 활용하여 메탄가스 배출을 줄이기 위한 여러 연구가 진행되고 있다.

비판적으로 생각하기

1 소 사육과 환경오염은 어떤 관련이 있을까요?
2 동물에게서 배출되는 메탄가스는 지구 온난화에 어떤 영향을 끼칠까요?
3 메탄가스 배출량을 줄이기 위해서는 어떻게 해야 할까요?

내용 확인하기 정답 1. (1) 메탄가스 (2) 반추 동물 (3) 되새김질 2. 되새김질, 온실가스, 박테리아

| 환경 | # 7. 좀비 바이러스 부활 |

지구 기온이 높아지면서 빙하가 자꾸 녹고 있어요.
오랜 세월 빙하 속에 얼어 있던 바이러스가 깨어나면 어떻게 될까요?

짜잔

잘 있었어?
빙하 밖은 오랜만이네.

📰 시사 용어 미리 보기

아래 문장을 읽으면서 모르는 단어에 ○표 하고 기사에서 확인하세요.

1 시베리아 영구 동토층에는 과거 생명체들이 얼어붙어 보존되고 있다.
2 온실 효과 때문에 지구가 점점 더워지고 있다.
3 빙하가 녹으면 땅속에 묻혀 있던 고대 바이러스도 깨어날 수 있다.

◈ 서사원 신문   월   일

영구 동토층이 녹고 있어요!

　최근 **시베리아** 일부 지역의 기온이 40도에 달하는 이상 고온 현상을 보이고 있습니다. 문제는 이로 인해 **영구 동토층**이 녹고 있다는 것입니다. 영구 동토층은 월 평균 기온이 영하인 달이 반년 이상 지속돼 영구적으로 얼어붙어 있는 땅을 말합니다.

　영구 동토층이 녹는 게 왜 문제일까요? 영구 동토층 속에 다량의 고대 바이러스가 갇혀 있을 것이라고 추정되기 때문입니다. **빙하**가 녹으면 이 고대 바이러스가 노출될 확률이 높습니다. 실제로 지난 2016년에 시베리아에서 발생한 탄저병 때문에 2,000마리 이상의 순록이 죽었습니다. 전문가들은 이상 고온으로 영구 동토층이 녹으면서 탄저균에 감염된 동물 사체가 그대로 노출되어 병원균이 퍼진 것이라고 분석했습니다.

　이 고대 바이러스는 전염성이 그대로 남아 있기 때문에 좀비 바이러스라고 부릅니다. 영구 동토층은 사람이 살지 않는 지역이라 바이러스가 나오더라도 당장 인류가 위험해지지는 않습니다. 그러나 자원 채굴과 연구 목적으로 영구 동토층 개발이 늘고 있기 때문에 무작정 안심할 수는 없습니다.

　영구 동토층에는 바이러스 외에도 대기 중 이산화탄소량의 2배가 매장되어 있습니다. 또, 이산화탄소보다 더 강한 **온실 효과**를 유발하는 메탄가스도 이곳에 갇혀 있습니다. 영구 동토층이 녹으면 지구 온난화도 가속화될 수 있는 것입니다.

🔍 관련 기사 헤드라인 모아 보기

▸ 온난화 재앙 좀비 바이러스 '메투셀라종'

▸ 시베리아 40℃ 폭염, 영구 동토층 좀비 바이러스 깨어나나?

▸ 지구 온난화의 공포… '좀비 바이러스' 부활

▸ 영구 동토층 속 좀비 바이러스 깨어났다. 전염력도 확인!

 **시사 개념 확인하기**

시베리아	러시아의 중앙부, 즉 우랄산맥에서 태평양에 이르는 지역이에요. 전 지역이 냉대 기후에 해당하고, 무수한 자원이 매장되어 있지요.
영구 동토층	땅 속이 영구적으로 얼어 있는 지대를 말해요. 빛이 침투하지 않아, 동물 사체 등의 시료를 얻을 수 있는 일종의 타임캡슐 역할을 해왔어요.
빙하	눈이 오랫동안 쌓여 육지의 일부를 덮고 있는 얼음층을 의미해요. 빙하의 대부분은 남극과 북극 지역에 분포해요.
온실 효과	대기 중에 있는 이산화탄소 등의 가스가 지구 밖으로 열이 빠져나가지 못하게 막는 현상이에요. 이로 인해 지구 평균 기온이 상승해요.

 **내용 확인하기**

1 시사 개념의 설명으로 알맞은 것에 ○표 하세요.

(1) **온실 효과** ㉠ 따뜻한 기후를 유지하기 위한 지구의 운동. ㉡ 지구 밖으로 열이 빠져나가지 못해 기온이 상승하는 현상.

(2) **영구 동토층** ㉠ 지구 동쪽에 있는 땅. ㉡ 영구적으로 얼어붙어 있는 땅.

(3) **빙하** ㉠ 냉대 기후에 해당하는 지역. ㉡ 오랫동안 얼어 있는 얼음층.

2 빈칸에 알맞은 말을 채워 이 기사를 요약해 보세요.

> **보기** 지구 온난화, 영구 동토층, 시베리아, 좀비 바이러스

시베리아의 _____ 이/가 녹고 있다. _____ (으)로 인해 이상 고온 현상이 지속되면서 생긴 변화다. 영구 동토층이 녹으면 얼어 있던 바이러스가 깨어날 수 있다. 오랜 시간이 지났지만 전염성이 그대로 남아 있기 때문에 _____ (이)라고도 부른다.

비판적으로 생각하기

1 영구 동토층은 왜 녹고 있나요?   **2** 영구 동토층이 녹으면 어떤 문제가 생길까요?
3 좀비 바이러스 노출을 막으려면 어떻게 해야 할까요?

내용 확인하기 정답 1. (1) ㉡ (2) ㉡ (3) ㉡ 2. 영구 동토층, 지구 온난화, 좀비 바이러스

환경 8. 날씨가 이상해요!

최근 들어 날씨가 오락가락한다고 느끼지 않았나요?
날씨가 왜 이러는 걸까요?

📰 시사 용어 미리 보기

아래 문장을 읽으면서 모르는 단어에 ○표 하고 기사에서 확인하세요.

1 제트 기류는 적도와 북극 사이에서 거대한 파도를 만들어 낸다.
2 지구 온난화로 인해 북극의 기온이 상승했다.
3 호우, 대설, 불볕더위 등 극한 기후가 사람들의 생명과 안전을 위협한다.

◆ 서사원 신문   월   일

변덕쟁이 지구 날씨

　중국의 최저 기온이 영하 45도까지 떨어지는 등 전례 없는 추위가 이어졌습니다. 유럽도 초겨울부터 폭설과 한파를 맞고 있습니다. 독일 뮌헨에서는 주말 사이 눈 폭풍이 밀려와 강설량 44cm를 기록하기도 했습니다. 시베리아 기온은 초겨울 기온으로는 이례적으로 최근 며칠 사이 영하 50~57도까지 떨어졌다고 합니다. 이렇게 전 세계적으로 **극한 기후**가 나타나고 있는 까닭은 **제트 기류**와 엘니뇨 현상 때문입니다.

　제트 기류는 지구 상공에서 흐르는 바람의 띠입니다. 따뜻한 공기가 상승하여 팽창하면서 그 압력 차이로 생기는 바람입니다. 이 바람은 시속 400km의 속도로 서쪽에서 동쪽으로 구불구불하게 이동하며 지구 날씨에 큰 영향을 미치고 있습니다.

　문제는 지구 온난화로 인한 기후 변화가 제트 기류를 방해하고 있다는 것입니다. 북극이 따뜻해지면서 다른 지역과의 온도 차이가 줄고, 이것이 제트 기류의 힘을 떨어뜨려 특정 지역에 기상 현상이 오래 머물게 하고 있습니다. 세계 곳곳에서 기록적인 더위와 폭풍, 홍수 등의 극한 기후가 생기는 이유가 이 때문입니다.

　엘니뇨 또한 이상 기후가 생기는 데 영향을 주고 있습니다. 엘니뇨는 **태평양 적도** 부근의 수온이 평년보다 0.5도 높은 상태가 5개월 이상 지속되는 현상을 말합니다. 최근 지구의 해수면 온도는 28.6도로 평년보다 1.8도 높아졌습니다. 적도 지역의 수온이 높아지면 건조해지고 폭우 등의 이상 기후가 발생하고, 수증기 양이 증가하여 태풍이 자주 발생하게 될 수 있습니다. 이 때문에 전염병이 생기기도 하고, 북반구가 추워지거나 눈이 많이 내리는 등 평소와 다른 기상 현상이 일어나는 것입니다.

🔍 관련 기사 헤드라인 모아 보기

▌기후 변화로 고장난 제트 기류,
　몸살 난 지구

▌유럽·미국 강타한 북극발 한파
　원인은 '제트 기류와 엘니뇨'

▌엘니뇨와 제트 기류의 결합
　"파괴적인 기상 이변 속출해"

▌"추워도 너무 춥다"
　한반도 강타한 한파의 원인은 제트 기류

극한 기후	기상 이변과 관련한 신조어로, 기온이나 강수량 등이 평균적인 상태를 크게 벗어난 상태를 의미해요. 지구 온난화로 극한 기후가 나타나고 있지요.
제트 기류	하늘 위에서 흐르는 강한 기류를 말해요. 중위도 지방의 대기에 영향을 미치는 강력한 대규모 공기 흐름으로, 기후에 큰 영향을 끼쳐요.
태평양	오대양의 하나로, 세계에서 가장 큰 바다예요. 지구 표면적의 1/3, 바다의 1/2을 차지하며, 아시아, 오세아니아, 아메리카 대륙으로 둘러싸여 있어요.
적도	지구에서 나온 열이 대기 속의 온실가스 때문에 빠져나가지 못하고 다시 지구로 돌아와 지구를 따뜻하게 만드는 현상이에요. 이 현상 덕분에 지구가 살기 좋은 온도를 유지하지만, 온실가스가 너무 많아지면 지구가 너무 더워져서 문제가 생겨요.

1 시사 개념의 알맞은 설명을 찾아 선으로 이어 보세요.

(1) 제트 기류 •   • ㉠ 기온이나 강수량 등이 평균을 크게 벗어난 상태.

(2) 극한 기후 •   • ㉡ 하늘 위에서 흐르는 강한 기류.

(3) 적도 •   • ㉢ 지구를 위아래로 똑같이 나누는 가상의 선.

2 괄호 안에 들어갈 알맞은 말을 골라 이 기사를 요약해 보세요.

> 최근 지구 곳곳에는 한파, 폭염 등의 극한 기후가 나타나고 있다. (지구 온난화/한파)로 힘이 떨어진 (제트 기류/태양풍) 때문에 특정 지역에 평상시와 다른 이상 기후 현상이 나타나고 있으며, (엘니뇨/라니냐) 또한 북반구에 이상 기후를 발생시킨다.

비판적으로 생각하기

1 극한 기후가 나타난 다양한 사례를 들어 볼까요?
2 극한 기후가 나타난 원인은 무엇일까요?
3 극한 기후를 막기 위한 방법은 없을까요?

내용 확인하기 정답 1. (1) ㉡ (2) ㉠ (3) ㉢ 2. 지구 온난화, 제트 기류, 엘니뇨

| 환경 | # 9. 종이 팩 생수 프로젝트 |

버려지는 플라스틱 쓰레기가 너무 많아서 문제가 되고 있어요.

플라스틱이 너무 많아!

📰 시사 용어 미리 보기

아래 문장을 읽으면서 모르는 단어에 ○표 하고 기사에서 확인하세요.

1 지속 가능 패키징인 펄프는 플라스틱과 알루미늄을 대체한다.
2 종이 팩은 목재를 원료로 한 100% 재활용 가능한 펄프로 제작한다.
3 친환경 펄프로 만든 종이 패키징은 재활용률이 높고 소비자의 편의성도 높인다.

◈ 서사원 신문   월   일

종이 팩 패키징이 대세

전 세계적으로 플라스틱 줄이기 운동이 일어나고 있습니다. 음료를 담는 플라스틱 페트병 등 플라스틱 쓰레기가 너무 많이 발생하고 있어서 그렇습니다. 전 세계 음료 회사들이 **지속 가능한 패키징**을 개발하기 위해서 열심인 까닭이 이 때문입니다.

전 세계에서 생산되는 **알루미늄**의 경우 67%가 재활용되는 데 반해, 플라스틱 제품 중 9%만이 재사용되고 있습니다. 그런데도 알루미늄 캔 대신 플라스틱 페트병을 더 많이 사용하는 까닭은 **편의성** 때문이었습니다. 플라스틱은 가볍고 원하는 형태로 제작하기 쉬우며 제조 단가도 낮아서 그렇습니다.

그러나 이제는 플라스틱 쓰레기를 줄이기 위해 종이 팩, 썩는 페트병, 알루미늄 캔 등 친환경 패키징으로 대체하려는 시도가 일어나고 있습니다. 해외의 한 대기업은 자사의 플라스틱 페트병을 친환경 패키징으로 교체하면, 버려지는 플라스틱을 크게 줄일 수 있다고 예측했습니다.

이탈리아의 와인 회사는 세계 최초로 종이 병에 담은 와인을 출시해 꾸준히 생산하고 있습니다. 영국의 와인 회사는 종이 병에 담은 와인을 소비자에게 배달하는 서비스까지 실시하고 있습니다. 100% **펄프** 원료로만 만든 병에 위스키를 담아 한정판으로 내놓거나, 보드카 술을 종이 병에 담아 출시한 사례도 있습니다.

인간을 풍요롭게 해줬던 플라스틱을 이제는 줄여야만 한다는 데에 전 세계가 공감하고 있습니다. 지속 가능한 지구를 위한 세계 곳곳의 변화는 앞으로 더 커질 것으로 보입니다.

🔍 관련 기사 헤드라인 모아 보기

▎기후 행동을 위한 패키지의 변신

▎종이 팩 와인, 썩는 페트병…
　친환경 음료 제품들

▎종이 팩, 캔 생수 나왔다…
　사먹는 물 '탈 플라스틱' 가능할까

▎화장품도 술도 친환경 용기에…
　지속 가능한 패키징 확대

 시사 개념 확인하기

지속 가능한 패키징	재사용이 가능한 재료를 활용한 친환경 포장을 의미해요. 제품을 포장하는 폐기물이 너무 많아 문제가 되고 있기 때문에 생겼어요.
알루미늄	가볍고 녹이 잘 슬지 않아 캔을 제조할 때 사용돼요. 사용된 폐알루미늄은 재활용률도 높고, 재생하는 데 에너지가 적게 들어요.
편의성	편하고 좋은 특성을 말해요.
펄프	종이를 만들기 위해 나무 등의 식물에서 섬유질을 분리해서 만든 재료를 뜻해요.

 내용 확인하기

1 시사 개념의 설명으로 알맞은 것에 O표 하세요.

(1) **지속 가능한 패키징** ㉠ 튼튼한 포장.   ㉡ 친환경 포장.

(2) **편의성** ㉠ 안전하고 튼튼한 특성.   ㉡ 편하고 좋은 특성.

(3) **펄프** ㉠ 식물에서 분리한 섬유질로 만든 재료.   ㉡ 금속 성분으로 만든 재료.

2 괄호 안에 들어갈 알맞은 말을 골라 이 기사를 요약해 보세요.

> 대부분의 음료는 플라스틱 페트병에 담아 판매한다. 바로 (편의성/안전성) 때문이다. 그러나 플라스틱 쓰레기가 지구에 심각한 위협이 되고 있다. 이 때문에 전 세계 음료 회사들이 (고급 패키징/지속 가능한 패키징)으로 친환경 포장을 하기 시작했다.

 비판적으로 생각하기

1 플라스틱 페트병을 많이 사용하는 이유는 무엇일까요?
2 플라스틱 포장은 지구에 어떤 위협을 주고 있나요?
3 최근 들어 플라스틱 페트병을 지속 가능한 패키징으로 교체하는 이유는 무엇일까요?

내용 확인하기 정답 1. (1) ㉡ (2) ㉡ (3) ㉠ 2. 편의성, 지속 가능한 패키징

환경 | 10. 쓰레기 대란이 걱정돼요

선택의 순간! 여러분이라면 편리함과 환경 보호 중 어느 쪽을 택할 건가요?

시사 용어 미리 보기

아래 문장을 읽으면서 모르는 단어에 ○표 하고 기사에서 확인하세요.

1 지자체들이 일회용품을 줄이기 위해 힘쓰고 있다.
2 자원 순환 사업의 일환으로 지역마다 분리배출 시설을 늘리고 있다.
3 넷-제로를 실현하기 위해 폐자원 선순환을 실천하는 기업들이 늘고 있다.

◈ 서사원 신문   월   일

제로 웨이스트가 가능할까요?

　대량 생산과 대량 소비 덕분에 경제는 빠르게 성장했습니다. 하지만 그만큼 많은 양의 폐기물이 생기면서, 그것을 어떻게 처리할지가 큰 문제입니다. 쓰레기를 줄이기 위해 전 세계에서 여러 가지 노력이 이루어지고 있습니다. 이렇게 쓰레기를 줄여 제로(0)에 가깝게 만들기 위한 생활 방식을 **제로 웨이스트(Zero Waste)**라고 합니다. 포장을 줄이고 재활용이 가능한 재료를 사용해서 쓰레기를 최대한 없애려는 세계적인 움직임을 가리킵니다.

　코앞까지 다가온 쓰레기 대란을 막으려면 매립장으로 유입되는 쓰레기의 양을 줄여야 합니다. 그러기 위해서는 정부, **지자체**, 기업, 개인 모두가 노력해야 합니다. 먼저 정부는 법적 기반을 조성해 일관되고 지속 가능한 정책을 추진해야 합니다. 대한민국 정부에서는 폐기물 문제에 대한 대책으로, 1991년 분리배출 제도, 1993년 폐기물 예치금제, 1995년 쓰레기 종량제, 2003년 생산자 책임 재활용 제도(EPR)를 도입하는 등 꾸준히 노력해왔습니다.

　지자체는 관련 정책을 기반으로 실제로 자원 **선순환**이 이루어지는 환경이 조성될 수 있도록 제 역할을 다해야 합니다. 기업은 제품 생산 등 전 과정에서 재사용·재활용·재제조 등을 일관되게 실행해야 하며, 개인은 휴지, 핸드타월, 물티슈를 대신해 손수건을 사용하는 등 작은 생활 습관을 바꾸는 것부터 실천해야 합니다.

　사회의 모든 일들은 구성원들의 부단한 노력 없이는 이루어지지 않습니다. 탄소 배출량 0, 즉 **넷-제로(Net-Zero)** 실현은 결국 모든 사회 구성원들의 노력이 있어야 가능하다는 점을 기억해야 합니다.

🔍 관련 기사 헤드라인 모아 보기

▎쓰레기 대란!
　자원 순환형 경제체제 전환 필요

▎쓰레기 10% 감축
　지자체 생활 폐기물 감량 박차

▎인구 줄었는데 쓰레기는 늘었다…
　분리수거도 뒤죽박죽

▎30년 후 쓰레기 대란 올 것
　자원 순환이 해법될까

 **시사 개념 확인하기**

제로 웨이스트 (Zero Waste)	쓰레기 없애기를 뜻해요. 불필요한 포장을 없애는 등 쓰레기를 최대한 없애려는 사회 운동이에요.
지자체	지방자치단체의 줄임말이에요. 특별시, 광역시, 도, 시, 군 등이 각 지역별로 자신의 일을 스스로 결정하고 운영하는 작은 정부 역할을 해요.
선순환	순환이 잘되어 좋은 현상이 자꾸 되풀이된다는 의미예요. 반대말은 '악순환'이지요.
넷-제로 (Net-Zero)	공장이나 자동차에서 나오는 온실가스를 최대한 줄이고, 남은 온실가스는 나무 심기나 기술로 없애서 탄소 순 배출량을 '0'으로 만드는 거예요.

 **내용 확인하기**

1 시사 개념의 설명으로 알맞은 것에 ○표 하세요.

(1) **제로 웨이스트** | ㉠ 쓰레기를 없애기 위한 운동. | ㉡ 대량 생산을 통해 경제 성장을 이루기 위한 운동.

(2) **선순환** | ㉠ 좋은 현상이 되풀이됨. | ㉡ 나쁜 현상이 되풀이됨.

(3) **넷-제로** | ㉠ 인터넷 사용량을 '0'으로 만드는 것. | ㉡ 탄소 순 배출량을 '0'으로 만드는 것.

2 이 기사를 이해한 내용으로 맞는 것은 ○표, 틀린 것은 ✕표 하세요.

(1) 우리나라는 1981년 분리배출 제도를 시작했다. (   )

(2) 우리나라는 2003년 생산자 책임 재활용 제도(EPR)를 시행했다. (   )

(3) 우리나라는 넷-제로 실현을 위해 노력하고 있다. (   )

 **비판적 생각하기**

1 쓰레기 분리배출을 하는 이유는 무엇일까요?
2 여러분은 제로 웨이스트를 실천하기 위해 어떤 노력을 하고 있나요?
3 쓰레기 문제를 해결하기 위해 어떻게 해야 할까요?

내용 확인하기 정답 1. (1) ㉠ (2) ㉠ (3) ㉡ 2. (1) ✕ (2) ○ (3) ○

3

정보

정보화 사회라는 말을 들어본 적 있지요? 언제부터인가 인간 생활이 지식과 정보 중심으로 흘러가고 있어요. 정보 과학이 빠르게 발전하는 만큼, 새로운 기술이 많이 등장했어요. 대표적인 예가 인공지능이지요. 우리의 생활을 편리하게 만들어 주는 정보 과학의 빛과 그림자를 모두 살펴보아요.

시사 개념 한눈에 보기

1	셰어런팅 주의보	SNS, 셰어런팅, 자기 결정권, 초상권
2	선 넘은 가짜 뉴스	사이버 레커, 인플루언서, 탈진실, 딥페이크
3	AI 창작물을 둘러싼 논란	AI(인공지능), 저작권, 표절, 존폐
4	로봇과 일하는 세상이 오다	협동 로봇, 시뮬레이션, 디지털 트윈, 휴머노이드
5	챗GPT가 가져온 변화	챗GPT, 챗봇, 생성형 AI, 생산성
6	가상 인간 신드롬	버츄얼 휴먼, 팔로워, 영향력, 리스크, Z세대
7	메타버스 세상으로 퐁당!	메타버스, 비대면 사회, 아바타, 잘파세대
8	무궁무진한 3D프린팅 기술	3D프린터, 생체 물질, 식물성 단백질, 대량 생산, 유해 물질
9	NFT가 뭐길래	NFT, 사유 재산, 블록체인, 자산화
10	무인 농업 시대	농촌 고령화, 인력, 자율 주행, 정밀 농업

정보 1. 셰어런팅 주의보

추억 남기기보다 존중하는 것이 먼저일 수 있어요.

아이, 귀여워라!

찰칵!

시사 용어 미리 보기

아래 문장을 읽으면서 모르는 단어에 ○표 하고 기사에서 확인하세요.

1 부모가 자녀와 함께 출연하는 콘텐츠가 많아지면서 셰어런팅에 대한 우려가 늘고 있다.
2 아동 권리 전문가들은 셰어런팅이 아동의 자기 결정권과 초상권을 침해한다고 지적했다.
3 개인 정보가 포함된 게시물이 검색되지 않도록 블라인드 처리해 주는 서비스가 생겼다.

◈ 서사원 신문

월   일

'좋아요'가 전부는 아니에요

자녀의 사진이나 동영상을 'SNS(사회 관계망 서비스)'에 공유하는 것을 셰어런팅(Sharenting)이라고 합니다. '공유'라는 뜻의 '셰어(Share)'와 '양육'을 의미하는 '페어런팅(Parenting)'을 합친 말입니다. 유튜브에서 육아 브이로그 등 아이들이 주인공으로 등장하는 영상이 인기를 끌면서 셰어런팅의 사례가 급격하게 늘고 있습니다.

셰어런팅은 아동의 자기 결정권과 초상권을 침해할 수 있다는 문제가 있습니다. 부모의 SNS 계정에 아이의 생년월일, 학교, 이동 경로 등 민감한 개인정보를 올리면 범죄의 위험에 노출될 수 있기 때문입니다.

해외에서는 셰어런팅을 법적으로 제재하기도 합니다. 프랑스에서는 자녀 동의 없이 사진이나 영상을 올린 부모에게 자녀가 소송을 제기하면 최대 징역 1년, 벌금 45,000 유로를 물 수 있고, 독일과 영국은 아동의 개인정보 보호권을 법으로 제정했습니다.

그러나 한국에는 아직 셰어런팅에 대한 법규가 마련돼 있지 않습니다. 다만 개인정보 보호 위원회가 어릴 적 무심코 올린 개인정보가 포함된 온라인 게시물을 삭제하거나 블라인드 처리하는 것을 돕는 '지우개 서비스' 지원 대상을 확대했습니다. 또, 아동·청소년의 잊혀질 권리를 보장하고 범죄를 방지하기 위해, 학부모와 교사들을 대상으로 한 셰어런팅 교육과정을 신설하기로 결정했습니다.

🔍 관련 기사 헤드라인 모아 보기

▎셰어런팅, 아이들의 디지털 프라이버시

▎SNS 인권 침해 심각,
유튜브 등에 책임·의무 부과해야

▎자녀가 직접 셰어런팅 사진 삭제 요구로
'잊힐 권리' 시동

▎SNS에 24시간 자녀 일상 중계하는 나라

SNS	'소셜 네트워크 서비스(Social Network Service)'의 약자로, 온라인상에서 사람들 사이의 관계망을 만들어 주는 서비스를 말해요. 블로그, 인스타그램, X 등이 있어요.
셰어런팅	'공유'를 뜻하는 '셰어(Share)'와 '양육'을 의미하는 '페어런팅(Parenting)'을 합친 말이에요. 부모가 SNS를 통해 자녀의 일상을 공유하는 것을 뜻하는 신조어지요.
자기 결정권	대한민국 헌법상의 권리로, 국가의 간섭 없이 자신의 일을 스스로 결정할 수 있는 권리를 의미해요.
초상권	자신의 얼굴 또는 신체가 허가 없이 촬영되거나 공개되지 않을 권리를 의미해요.

1 시사 개념의 알맞은 설명을 찾아 선으로 이어 보세요.

(1) SNS   •   • ㉠ 부모가 SNS에 자녀의 일상을 공유하는 것.

(2) 초상권   •   • ㉡ 얼굴이 허가 없이 촬영되거나 공개되지 않을 권리.

(3) 셰어런팅   •   • ㉢ 사람들 사이의 관계망을 만들어 주는 온라인상의 서비스.

2 빈칸에 알맞은 말을 채워 이 기사를 요약해 보세요.

> 보기   양육, 초상권, 셰어런팅

자녀의 일상을 SNS에 올리는 _____ 은/는 아동의 _____ 와/과 자기 결정권을 침해한다는 문제가 있다. 해외의 경우에는 이를 법적으로 제재하기도 한다.

비판적으로 생각하기

1 셰어런팅이 늘어나는 이유는 무엇일까요?
2 셰어런팅의 문제점은 무엇일까요?
3 셰어런팅의 문제점을 해결하기 위해 어떻게 해야 할까요?

내용 확인하기 정답   1. (1) ㉢ (2) ㉡ (3) ㉠   2. 셰어런팅, 초상권

정보 2. 선 넘은 가짜 뉴스

보이는 대로 믿지 마세요!
지금도 누군가가 가짜 뉴스를 만들고 있어요.

오늘도 하나 만들었다!

시사 용어 미리 보기

아래 문장을 읽으면서 모르는 단어에 ○표 하고 기사에서 확인하세요.

1 최근의 가짜 뉴스는 딥페이크 기술을 활용해 더욱 정교해졌다.
2 연예인들의 사생활을 이용해 이득을 얻는 사이버 레커에 대한 규제가 필요하다.
3 가짜 뉴스가 넘쳐나는 탈진실의 시대에서 요구되는 것은 합리적인 의심이다.

◈ 서사원 신문   월   일

가짜 뉴스는 이제 그만!

　인공지능(AI)의 발전으로 가짜 이미지를 쉽게 만들 수 있게 되면서, 더 많은 가짜 뉴스가 빠르게 확산되고 있습니다. 가짜뉴스의 단골 소재는 유명인에 대한 허위 사실입니다. 연예인들의 가짜 열애설, 이혼설, 결별설, 사망설이 줄을 잇고 있으며 정치인을 겨냥한 가짜 뉴스도 많습니다.

　이런 가짜 뉴스를 만드는 사람들을 **사이버 레커**라고 합니다. 사이버 레커는 사실 확인 없이 자극적인 콘텐츠를 제작하는 **인플루언서**입니다. 이들은 진실이 아니라 조회 수로 얻는 이득에만 관심이 있습니다. 거짓 정보가 넘쳐나는 **탈진실**의 시대가 온 것입니다. 가짜 뉴스는 단순한 거짓 정보 퍼뜨리기를 넘어서 명예훼손이나 모욕과 같은 범죄로 이어지고 있으며, **딥페이크**로 인한 피해 사례도 빠르게 늘어나고 있습니다.

　더 큰 문제는 가짜 뉴스를 퍼뜨린 사람들을 처벌하기 어렵다는 점입니다. 유튜브 같은 1인 미디어는 방송으로 분류되지 않아 기존 방송법의 규제에서 벗어나 있습니다. 피해자가 직접 가짜 뉴스를 찾아내 고소해야만 처벌이 가능하고 법적 절차를 밟는 데도 오래 걸립니다.

　가짜 뉴스를 막고 건전한 미디어 환경을 만들기 위해서는 시민들이 뉴스를 비판적으로 읽고 참과 거짓을 가리는 능력을 길러야 합니다. 또한, 관련 법과 제도를 정비해 가짜 뉴스를 효과적으로 규제할 수 있어야 합니다.

🔍 관련 기사 헤드라인 모아 보기

- 딥페이크 가짜 뉴스 주의보 비상
- 거짓을 욕망하고, AI로 가짜 정보 찍어내는 탈진실의 시대
- 결혼·이혼설부터 사망설까지… 스타 울리는 가짜 뉴스 '왜?'
- 음모론과 가짜 뉴스가 범람하는 탈진실 시대

 **시사 개념 확인하기**

사이버 레커	레커는 교통사고 현장 등에 나타나 자동차를 옮기는 견인차예요. 사이버 레커는 이슈가 생기면 견인차처럼 재빨리 나타나 자극적인 영상을 퍼트리는 유튜버를 뜻해요.
인플루언서	SNS 등 온라인상에서 많은 대중에게 영향력이 있는 사람을 의미해요.
탈진실	진실에서 벗어났다는 뜻이에요. 객관적인 사실보다 개인의 감정과 신념이 더 큰 영향을 미치는 거짓 정보를 말해요.
딥페이크	인공지능 기술을 활용한 인간 이미지 합성 기술이에요. 실제 인물 사진을 합성하여 거짓된 장면을 진짜처럼 만들 수 있어요.

 **내용 확인하기**

1 초성을 참고하여 문장에 들어갈 알맞은 시사 용어를 써 보세요.

(1) 많은 사람들에게 영향력이 있는 사람을 ㅇㅍㄹㅇㅅ (이)라고 한다.

(2) ㅌㅈㅅ 은/는 진실보다 개인의 감정과 신념이 더 큰 영향을 미치는 현상이다.

(3) 인공지능을 활용하여 거짓된 장면을 만드는 것을 ㄷㅍㅇㅋ (이)라고 한다.

2 빈칸에 알맞은 말을 채워 이 기사를 요약해 보세요.

> **보기** 딥페이크, 인플루언서, 가짜 뉴스

최근 온라인상에서 사실인지 확인되지 않은 _____ 이/가 확산되고 있다. 인공지능의 발전으로 가짜 이미지를 합성하여 만든 _____ (으)로 피해를 입는 유명인들도 늘고 있다.

비판적으로 생각하기

1 가짜 뉴스가 늘어나는 이유는 무엇일까요?
2 가짜 뉴스는 어떤 부정적인 결과를 가져올까요?
3 가짜 뉴스로 인한 피해를 줄이기 위해서 어떻게 해야 할까요?

내용 확인하기 정답 1. (1) 인플루언서 (2) 탈진실 (3) 딥페이크 2. 가짜 뉴스, 딥페이크

정보 | 3. AI 창작물을 둘러싼 논란

📰 시사 용어 미리 보기

아래 문장을 읽으면서 모르는 단어에 ○표 하고 기사에서 확인하세요.

1 AI가 만든 그림이나 글에 저작권 문제가 생길 수 있다.
2 AI 창작물이 늘어나면서 표절 논란도 생기고 있다.
3 AI 기술 발전으로 일부 직업이 사라질 수 있다는 우려가 있다.

◆ 서사원 신문

AI 창작물의 주인은 누구?

몇 년 전 미국의 한 전시에서 **AI(인공지능)**가 생성한 그림이 우수한 성적으로 수상했습니다. 이를 둘러싸고 AI 예술의 **저작권**을 인정해야 하는지에 대해 논란이 있었습니다. AI가 만든 결과물은 기존 이미지를 **표절**한 '제품'일 뿐이라는 주장과, 새로운 창의성을 더한 '작품'이라는 주장이 충돌하고 있는 것입니다.

AI는 이미 그림을 그릴 뿐 아니라 작곡을 하고 시나 소설도 쓰며 다양한 예술 활동을 하고 있습니다. 그동안 창작은 인간만이 할 수 있는 일로 여겨졌지만, AI도 창작 활동을 하면서 저작권에 대한 혼란이 생기고 있습니다.

게다가 AI 기술이 발전하면서 아주 정교한 그림도 쉽게 제작할 수 있게 되었습니다. AI 창작물이 무료로 공개되거나 대량 판매되면서, AI 창작물의 저작권 문제뿐만 아니라 예술계 **존폐** 위기까지 언급되고 있습니다. AI 때문에 많은 예술가들의 설 자리가 줄어들고 있다는 비판을 받고 있습니다.

AI 창작물은 사용자의 명령에 따라 기존 작품들을 재구성하는 방식으로 만들어집니다. 하지만 이 과정이 특정 작가의 저작권을 직접적으로 침해했다고 보긴 어렵습니다. 기존 그림을 알아볼 수 없도록 여러 작품을 섞어 만들기 때문입니다. 어떻게 명령어를 입력하느냐에 따라 결과물이 달라지니, AI 예술도 창작의 한 형태로 봐야 한다는 의견도 있습니다.

우리나라의 저작권법에서는 인간의 사상 또는 감정을 표현한 창작물만 저작물로 보고 있습니다. AI 창작물은 저작물로 인정되지 않는 것입니다. 앞으로 AI 창작물에 대한 윤리적 기준과 법률 체계를 새롭게 마련할 필요가 있습니다.

🔍 관련 기사 헤드라인 모아 보기

- 생성형 AI '저작권' 논란 창작인가 모방인가
- AI가 커버한 노래, 목소리 주인에게 수익 돌아갈까
- 쏟아지는 'AI 커버곡'… 기술 경쟁과 저작권 사이 '딜레마'
- 예술 창작 도구로 'AI' 인정… 저작권은 인간에게만 허용

시사 개념 확인하기

AI(인공지능)	스스로 학습하고 이해하며 문제를 해결하는 컴퓨터 프로그램이에요. 사람과 대화도 하고, 글, 그림 등을 만들어 내기도 하지요.
저작권	글, 그림, 음악처럼 누군가가 만든 작품을 마음대로 복사하거나 쓰지 못하게 지켜주는 권리예요. 자신이 만든 창작물에 대해 창작자가 가지는 법적인 권리이지요.
표절	다른 사람의 저작물을 마치 자신의 것처럼 사용하는 행동을 의미해요.
존폐	유지하거나 폐지하는 것을 아울러 이르는 말이에요.

내용 확인하기

1 시사 개념의 알맞은 설명을 찾아 선으로 이어 보세요.

(1) 표절 •   • ㉠ 창작자가 가지는 법적인 권리.

(2) 저작권 •   • ㉡ 다른 사람의 창작물을 가져와 쓰는 일.

(3) 존폐 •   • ㉢ 유지하거나 폐지하는 것.

2 이 기사를 이해한 내용으로 맞는 것은 ○표, 틀린 것은 ✕표 하세요.

(1) AI 창작물의 저작권을 둘러싼 논쟁이 끊이지 않고 있다. (   )

(2) 우리나라의 저작권법은 AI 창작물을 저작물로 인정한다. (   )

(3) AI 창작물은 기존 이미지를 표절한 '제품'이라는 주장과 새로운 창의성을 더한 '작품'이라는 주장이 충돌하고 있다. (   )

비판적으로 생각하기

1 AI 창작물을 표절이라고 비판하는 이유는 무엇일까요?

2 AI 창작물을 예술 작품으로 보는 이유는 무엇일까요?

3 AI 창작물이 저작물로 인정되지 않는 이유는 무엇일까요?

내용 확인하기 정답 1. (1) ㉡ (2) ㉠ (3) ㉢ 2. (1) ○ (2) ✕ (3) ○

정보 4. 로봇과 일하는 세상이 오다

로봇이 할 수 있는 일의 범위가 점점 더 늘어나고 있어요. 로봇 동료와 일하는 상상을 해 본 적 있나요?

📰 시사 용어 미리 보기

아래 문장을 읽으면서 모르는 단어에 ○표 하고 기사에서 확인하세요.

1 협동 로봇은 일의 효율성을 높여 준다.
2 시뮬레이션과 디지털 트윈 기술을 활용하면 현실과 같은 실험이 가능하다.
3 휴머노이드와 인간이 협업하면 생산성이 높아질 것이다.

◈ 서사원 신문

내 동료는 로봇!

함께 일하는 동료가 로봇이라면 어떨까요? 최근 국내외 제조업에서는 사람을 도와서 일하는 **협동 로봇**의 수요가 점점 늘고 있습니다. 이송·조립·분해·용접 등 다양한 작업에서 협동 로봇이 활용되고 있습니다. 이제는 공장에서 사람보다 로봇이 더 많은 일을 맡는 모습도 흔하게 볼 수 있습니다.

협동 로봇은 위험하거나 많은 노동력이 필요한 제조 공정에서 특히 유용합니다. 협동 로봇을 잘 활용하면 안전성을 높이고 생산성도 향상시킬 수 있기 때문입니다. 그래서 세계 여러 나라에서 협동 로봇 개발과 생산에 힘쓰고 있습니다.

협동 로봇은 사람과 같은 공간에서 일하기 때문에 함께 일하는 사람의 안전을 고려하는 게 최우선입니다. 이를 위해 작업장에 센서를 설치하고 인공지능 기술을 활용해 작업자의 위치를 인식할 수 있게 해야 합니다. 로봇과 작업자의 움직임을 디지털화하고 실제 제조 현장을 가상 공간에 진짜처럼 구현해 **시뮬레이션(Simulation)**하는 기술도 활용되며, 이러한 **디지털 트윈(Digital Twin)** 환경 덕분에 협동 로봇은 작업자와의 거리를 계산하며 충돌 위험을 미리 예측할 수 있습니다. 만약 작업자의 안전이 위협받는 상황이 발생하면, 로봇은 즉시 멈추거나 동작을 조절합니다.

로봇 기술이 발전하면서, 단순히 작업의 효율성을 높이는 것을 넘어 우리 삶의 질을 향상시키고 있습니다. 앞으로는 사람의 신체를 닮은 **휴머노이드** 개발이 늘어날 것입니다. 휴머노이드는 인공지능을 탑재하고 사람의 동작을 학습하기 때문에 더욱 정교한 일을 하게 될 것입니다.

🔍 관련 기사 헤드라인 모아 보기

- 접근 힘든 고온 밀폐 공간, 이제는 로봇이 살핀다
- AI와 만나 산업 현장에서 작업 정밀도 높이는 로봇 솔루션
- 산업 현장 내 디지털 전환 가속화, 도입되는 최신 AI 로봇 기술
- 디지털 트윈으로 로봇 협업 환경 속 작업자 안전 지킨다

 시사 개념 확인하기

협동 로봇	산업 현장에서 사람들과 함께 일하도록 설계된 로봇을 말해요. 사람들을 대신하여 일을 하는 게 아니라 함께 일한다는 특징이 있지요.
시뮬레이션 (Simulation)	어떤 일을 실제로 하지 않고 가상으로 실험해 보는 거예요. 예를 들어, 비행기 조종 훈련을 게임처럼 연습하는 것도 시뮬레이션이지요.
디지털 트윈 (Digital Twin)	현실의 기계, 사물 등을 컴퓨터 속 가상 세계에 구현한 것을 의미해요. 이 디지털 트윈으로 모의실험이나 시뮬레이션을 할 수 있어요.
휴머노이드 (Humanoid)	인간의 신체 형태를 닮은 로봇이지요. 말하거나 걷는 등 사람처럼 정교하게 행동할 수 있도록 만들어졌어요.

 내용 확인하기

1 초성을 참고하여 문장에 들어갈 알맞은 시사 용어를 써 보세요.

(1) 인간과 함께 일하도록 설계된 로봇을 ㅎㄷ ㄹㅂ (이)라고 한다.

(2) 어떤 일을 가상으로 실험해 보는 ㅅㅁㄹㅇㅅ 을/를 통해 실제로 경험해 보지 않은 것의 결과도 예측할 수 있다.

(3) ㅎㅁㄴㅇㄷ 은/는 인간을 닮은 로봇을 의미한다.

2 이 기사를 이해한 내용으로 맞는 것은 ○표, 틀린 것은 ✕표 하세요.

(1) 국내외 산업 현장에서 사람과 협업하는 협동 로봇이 늘고 있다. (   )

(2) 예전에 비해 더욱 안전하게 로봇과 일할 수 있게 되었다. (   )

(3) 협동 로봇은 스스로 위험 상황을 감지하고 멈추지는 못한다. (   )

 비판적으로 생각하기

1 협동 로봇을 활용하는 사례가 늘어나는 이유는 무엇일까요?
2 협동 로봇을 활용할 때 가장 많이 신경 써야 할 부분은 무엇인가요?
3 협동 로봇과 작업하는 사람들의 안전을 위해 어떻게 해야 할까요?

내용 확인하기 정답 1. (1) 협동 로봇 (2) 시뮬레이션 (3) 휴머노이드 2. (1) ○ (2) ○ (3) ✕

| 정보 | # 5. 챗GPT가 가져온 변화 |

챗GPT를 어떻게 활용할지는 우리에게 달려 있어요.
누가, 어떻게 사용하는지에 따라 그 결과는 크게 달라져요.

"챗GPT 사용하는 게 어려워."

"챗GPT 덕분에 일을 빨리 끝냈어!"

📰 시사 용어 미리 보기

아래 문장을 읽으면서 모르는 단어에 ○표 하고 기사에서 확인하세요.

1 챗GPT와 같은 생성형 AI는 번역을 할 수 있다.
2 챗봇을 잘 활용하면 업무 생산성이 높아진다.
3 AI 기술이 발전하면서 콘텐츠의 질도 점점 향상되고 있다.

◆ 서사원 신문　　　　　　　　　　　　　　　　　월　　　일

전 세계에 불어닥친 챗GPT 열풍

　2022년 11월 출시된 **챗GPT**가 전 세계적으로 큰 인기를 끌고 있습니다. 챗GPT는 미국 AI(인공지능) 연구소인 오픈AI가 개발한 AI 기반 **챗봇**입니다. 빙대한 데이터를 학습해 사람처럼 대화할 수 있도록 설계된 AI가 사용자의 질문에 적절한 답변을 제공하는 방식입니다. 챗GPT는 단순한 대화를 넘어, 전문가 수준의 보고서 작성, 소설 창작, 코딩까지 능숙하게 수행할 수 있습니다.

　이렇게 새로운 콘텐츠를 만들어내는 **생성형 AI** 사용이 늘어나면서 많은 일자리가 위협을 받고 있습니다. 전문가들은 2027년까지 약 8,300만 개의 일자리가 AI에 의해 대체될 것으로 보고 있습니다. 특히 교정, 번역, 기사 작성, 세무 및 회계 처리 등 반복적이면서도 지능이 필요한 업무는 AI로 대체될 가능성이 큽니다.

　하지만 AI는 새로운 일자리를 창출하기도 합니다. 2027년까지 6,900만 개의 새로운 일자리가 생겨날 것으로 예상된다고 합니다. AI와 협력하는 새로운 직업들도 등장하고 있습니다.

　생성형 AI 기술은 놀라운 속도로 발전하고 있습니다. 이는 위기일 수도 있지만, 잘 활용하면 기회가 될 수 있습니다. AI를 효과적으로 활용하면 **생산성**을 높이고 더 많은 소득을 얻을 수 있으며, 비용을 낮추는 데도 도움이 됩니다. AI를 적절히 활용하면 일자리의 질을 높이고, 사람들이 더 가치 있는 일에 집중할 수 있을 것입니다.

　앞으로 AI 기술을 어떻게 활용하느냐가 중요한 과제가 될 것입니다. 우리는 AI와 함께하는 미래를 대비하며, 변화에 맞춰 유연하게 적응해 나가야 합니다.

🔍 관련 기사 헤드라인 모아 보기

- 혁명이냐 훼손이냐, 챗GPT가 가져올 교육의 미래는?
- 챗GPT, 혁신과 위협 사이 미래 인류 운명의 상징이 되다
- 챗GPT가 부른 AI 혁명 세계 GDP 7% 늘릴 것
- AI가 일자리 뺏어도 창의적 협업으로 새 일자리 창출해야

시사 개념 확인하기

챗GPT	오픈AI에서 만든 대화형 AI 서비스예요. 질문을 하면 답을 해주는 시스템이지요.
챗봇	사용자가 말을 걸면 실제 사람처럼 응답을 해주는 프로그램을 의미해요.
생성형 AI	그림, 글, 음악처럼 새로운 콘텐츠를 만들어내는 프로그램이에요. 사람이 쓴 글을 보고 비슷한 이야기를 지어내거나, 말로 설명하면 그림을 그려줄 수도 있지요.
생산성	결과물의 양과 질이 얼마나 좋은지를 뜻하지요.

내용 확인하기

1 시사 개념의 알맞은 설명을 찾아 선으로 이어 보세요.

(1) 챗봇 •   • ㉠ 실제 사람처럼 응답을 해주는 프로그램.

(2) 챗GPT •   • ㉡ 콘텐츠를 새롭게 만들어내는 AI 기술.

(3) 생성형 AI •   • ㉢ 오픈AI에서 개발한 대화형 AI 서비스.

2 빈칸에 알맞은 말을 채워 이 기사를 요약해 보세요.

> **보기** 질, 양, 생성형 AI

> 챗GPT 등 _____ 의 사용이 늘면서 여러 일자리가 위협받고 있다. 하지만 그만큼 AI와 관련한 새로운 일자리도 많이 생겨날 전망이다. AI를 활용하거나 협력하는 직업이 새롭게 창출되어 일자리의 _____ 을/를 높일 것이라고 예측하고 있다.

비판적 생각하기

1 챗GPT로 인해 어떤 일자리가 사라질까요?

2 챗GPT로 인해 어떤 일자리가 생길까요?

3 챗GPT를 올바르게 사용하는 방법은 무엇일까요?

내용 확인하기 정답 1. (1) ㉠ (2) ㉢ (3) ㉡ 2. 생성형 AI, 질

정보 | 6. 가상 인간 신드롬

실제 사람처럼 노래하고 팬들과 소통도 하는 가상 아이돌이 인기를 끄는 세상이에요.

📰 시사 용어 미리 보기

아래 문장을 읽으면서 모르는 단어에 ○표 하고 기사에서 확인하세요.

1 버추얼 휴먼은 Z세대 사이에서 인플루언서로 자리 잡고 있다.
2 인스타그램에서 많은 팔로워를 가진 버추얼 휴먼은 영향력이 크다.
3 가상 인간 인플루언서는 리스크 없이 브랜드 홍보에 활용할 수 있다.

◈ 서사원 신문   월   일

내가 좋아하는 아이돌은 가상 인간

최근 가상 아이돌 그룹이 인기를 끌어 음악 방송에서 1등을 차지한 일이 있었습니다. 이렇게 컴퓨터 그래픽으로 만든 가상의 인간을 '**버추얼 휴먼(Virtual Human)**'이라고 부릅니다. 이들은 다른 아이돌 그룹과 마찬가지로 SNS로 일상을 공유하고 팬들과 소통합니다.

2020년에 등장한 버추얼 인플루언서 '로지'는 광고 모델을 넘어 드라마에도 출연하는 등 다양한 분야에서 활동을 하고 있습니다. 로지는 젊은 층이 좋아하는 외모를 조합해 만들어졌고, 특유의 트렌디한 패션과 개성으로 인스타그램에서 17만 명이 넘는 **팔로워(Follower)**를 보유하고 있습니다. 처음에는 버추얼 휴먼이라는 사실을 숨겼지만, 정체가 밝혀지자 더 큰 관심을 받았습니다. 로지의 사례는 가상 인간이 얼마나 많은 사람들에게 **영향력**을 끼칠 수 있는지 보여줍니다.

버추얼 휴먼은 방송을 하고 싶지만 얼굴을 공개하거나 사생활을 드러내는 것이 부담스러운 사람들에게 큰 장점이 있습니다. 가상 인간은 자신의 정체를 드러내지 않고도 실제로 존재하는 것처럼 팬들과 소통할 수 있기 때문입니다. 또한 광고 모델이 예기치 못한 사건에 휘말려 회사에 피해를 주는 경우가 있는데, 버추얼 휴먼이 모델이라면 그런 **리스크(Risk)**를 피할 수 있습니다. **Z세대**의 문화를 이끄는 버추얼 휴먼이 앞으로 어떤 모습으로 발전할지 기대해 볼 만합니다.

하지만 버추얼 휴먼을 만드는 것은 쉽지 않다는 점도 고려해야 합니다. 뛰어난 기술력이 필요하고, 제작비와 시간이 많이 들기 때문에 효율성 문제도 있습니다.

🔍 관련 기사 헤드라인 모아 보기

▸ 케이팝 엔터테인먼트에 부는 버츄얼 아이돌 바람

▸ 사람인 듯 사람 아닌 버츄얼 휴먼, 그 매력에 퐁당

▸ 기내 안전 안내, 전자책 출간까지… 현실로 나온 가상 인간

▸ IT업계, 메타버스 타고 가상 인간 키운다

 **시사 개념 확인하기**

버츄얼 휴먼 (Virtual Human)	실제 존재하지 않는 가상의 인간을 의미해요. 가상 인간, 디지털 휴먼, 사이버 휴먼이라고도 해요.
팔로워(Follower)	SNS에서 어떤 사람의 글이나 사진을 계속 보고 싶어서 구독하는 사람이에요. 팔로우하면 그 사람이 올리는 새로운 소식을 바로 볼 수 있지요.
영향력	다른 사람의 생각이나 행동에 변화를 주는 힘이에요. 예를 들어, 유명한 사람이 어떤 물건을 쓰면 많은 사람이 따라 사는 것도 영향력이 있는 것이지요.
리스크(Risk)	어떤 일을 할 때 일어날 수 있는 예상치 못한 문제나 위험이 따를 수 있는 가능성을 말해요.
Z세대	1996년부터 2010년에 태어난 이들을 의미해요. 어릴 때부터 디지털 환경에서 자랐지요. 스마트폰, SNS 등을 자연스럽게 사용해요.

 **내용 확인하기**

1 시사 개념의 알맞은 설명을 찾아 선으로 이어 보세요.

(1) 버츄얼 휴먼 •   • ㉠ 1996년 ~ 2010년 사이에 태어난 사람들.

(2) Z세대 •   • ㉡ 위험 요소.

(3) 리스크 •   • ㉢ 가상 인간.

2 괄호 안에 들어갈 알맞은 말을 골라 이 기사를 요약해 보세요.

> 컴퓨터 그래픽으로 만든 인간인 (메타버스/버츄얼 휴먼)이/가 다양한 광고를 통해 (Z세대/밀레니엄세대)에게 유명세를 얻고 있다. 이들을 활용한 컨텐츠는 개발하는 데 비용과 시간이 많이 들어 (편의성/효율성) 문제가 있기도 하지만, 갈수록 영향력이 커지고 있다.

비판적으로 생각하기

1 가상 인간이 갈수록 인기를 끄는 이유는 무엇일까요?

2 실제 유명인을 광고 모델로 사용할 때 어떤 위험 요소가 따를까요?

3 가상 인간을 활용할 때 생길 수 있는 문제점에는 어떤 것들이 있을까요?

내용 확인하기 정답 1. (1) ㉢ (2) ㉠ (3) ㉡ 2. 버츄얼 휴먼, Z세대, 효율성

정보 7. 메타버스 세상으로 퐁당!

📰 시사 용어 미리 보기

아래 문장을 읽으면서 모르는 단어에 ○표 하고 기사에서 확인하세요.

1 메타버스에서는 아바타를 통해 비대면으로 소통할 수 있다.
2 잘파세대는 메타버스를 자연스럽게 받아들인다.
3 정보 기술이 발달하면서 메타버스 활용이 늘어나고 있다.

◈ 서사원 신문　　　　　　　　　　　　　　　　　　　　　　월　　　일

가상과 현실이 하나가 되는 메타버스 세상!

　현실 세계와 가상 세계가 만날 수 있을까요? 메타버스(Metaverse)에서는 가능합니다. 통신 기술이 발전하고 비대면 사회가 익숙해진 영향으로, 메타비스는 이제 젊은 층의 삶에서 빼놓을 수 없게 되었습니다. 메타버스는 단순한 가상 현실이 아닙니다. 아바타를 활용해 실제 현실처럼 사회, 경제, 문화 활동을 할 수 있기 때문입니다.

　이러한 이유로 많은 기업들이 메타버스를 새로운 도전 과제로 여기며, 콘텐츠 개발에 적극적으로 나서고 있습니다. 실제로 입학 설명회, 홈쇼핑, 호텔, 뷰티, 채용 설명회 등 다양한 분야에서 메타버스를 활용하고 있습니다. 제품 체험관을 메타버스로 만들어 상품을 그곳에서 바로 구매할 수 있게 하거나, 가상 세계의 명품 매장에서 상품을 구매하여 대리 만족을 느끼게 하는 일도 있습니다.

　최근에는 백제 시대 최대의 사찰인 미륵사의 유물들을 가상 현실로 구현한 '메타버스 익산 미륵사지'가 눈길을 끌었습니다. 또한, 메타버스에서 창덕궁 후원의 아름답고 고즈넉한 풍경을 그대로 재현해서 화제가 되기도 했습니다. 소나무와 백일홍 등 전통적인 조경 요소들을 곳곳에 배치하였고, 정조와 정약용 등 역사 속 인물들을 모티브로 한 아바타가 출연해 즐거움을 선사했습니다. 이처럼 메타버스는 젊은 세대가 문화유산을 향유할 수 있는 새로운 방법으로 평가받고 있습니다.

　코로나19 팬데믹이 끝나고 비대면 사회에서 대면 사회로 돌아가면서 메타버스 수요가 줄어들 수도 있습니다. 하지만 메타버스 기술을 지속적으로 경험해 온 잘파세대가 앞으로도 메타버스를 통해 막대한 경제적 가치를 창출할 것으로 기대됩니다.

🔍 관련 기사 헤드라인 모아 보기

- 지역별 메타버스 도서관 즐기기
- 아바타 모델이 한 무대에, 파리 흔든 메타버스 K 패션쇼
- 메타버스 3D 아바타로 아시아 문명 학습
- 내 취향 담은 아바타로 메타버스 세상 즐겨요

 **시사 개념 확인하기**

메타버스 (Metaverse)	가공을 의미하는 메타(Meta)와 세계를 의미하는 유니버스(Universe)의 합성어예요. 인터넷 속에 있는 가상 세계로, 사람들이 아바타로 만나서 놀거나 일할 수 있는 공간이지요.
비대면 사회	서로 얼굴을 마주하지 않는 사회를 의미해요. 코로나19 확산을 막기 위해 사람들과의 접촉을 최소한으로 하는 비대면 사회가 시작되었지요.
아바타	온라인에서 실제 사람을 대신하는 가상의 캐릭터를 뜻해요.
잘파세대	1990년대 중반에서 2010년 사이에 태어난 Z세대와 2010년대 이후에 태어난 알파세대를 합쳐 부르는 신조어예요.

 **내용 확인하기**

1 시사 개념의 설명으로 알맞은 것에 ○표 하세요.

(1) **아바타** | ㉠ 가상의 캐릭터. | ㉡ 인간 모습의 캐릭터.

(2) **메타버스** | ㉠ 인터넷 속에 있는 가상 세계. | ㉡ 가상 세계 속 교통 수단.

(3) **잘파세대** | ㉠ 구세대와 신세대를 아우르는 말. | ㉡ Z세대와 알파세대를 합친 신조어.

2 이 기사를 이해한 내용으로 맞는 것은 ○표, 틀린 것은 ✕표 하세요.

(1) 메타버스는 대면 사회 확산으로 관심이 높아졌다. (   )

(2) 메타버스는 젊은 층 사이에서 빼놓을 수 없는 놀이 공간이 되고 있다. (   )

(3) 메타버스 속 아바타를 활용하여 사회, 문화, 경제 활동을 할 수는 없다. (   )

 비판적으로 생각하기

1 메타버스 활용 사례에는 어떤 것들이 있을까요?
2 잘파세대는 왜 메타버스를 좋아할까요?
3 메타버스를 활용할 때 어떤 점에 주의해야 할까요?

내용 확인하기 정답   1. (1) ㉠ (2) ㉠ (3) ㉡ 2. (1) ✕ (2) ○ (3) ✕

정보 8. 무궁무진한 3D프린팅 기술

평면을 넘어 입체로! 3D 프린터가 새로운 일상을 만들어 내고 있어요.

3D 프린터로 생선, 의약품, 뼈까지 만들 수 있지!

📰 시사 용어 미리 보기

아래 문장을 읽으면서 모르는 단어에 ○표 하고 기사에서 확인하세요.

1 3D프린터로 생체 물질도 만들 수 있다.
2 3D프린팅 기술로 식물성 단백질을 활용한 대체 육류를 만들 수 있다.
3 유해 물질을 줄이는 기술이 미래 산업에서 중요한 역할을 할 것이다.

◈ 서사원 신문

건물도 짓는 프린터

프린터로 종이 인쇄물만 찍을 수 있는 게 아니라는 사실, 알고 있나요? 프로그램에 입력된 도면을 따라 입체 물건을 만드는 프린터가 있습니다. 바로 **3D프린터**입니다. 3D프린팅 기술은 나날이 발전하고 있습니다. 이제는 단순한 부품 제작을 넘어서 인간의 뇌세포, 건물, 자동차, 심지어 뼈까지도 만들 수 있게 되었습니다.

일반 프린터는 잉크를 평면에 뿌리지만, 3D프린터는 잉크를 층층이 높게 쌓아 올리는 방식입니다. 그래서 결과물을 입체 형태로 만들 수 있는 것입니다. 3D프린팅 기술의 핵심은 바로 잉크의 재료입니다. 금속을 사용하면 얇은 전자 회로도 만들 수 있고, 세포와 같은 **생체 물질**을 사용하면 장기도 구현할 수 있습니다. 약재를 이용하면 약품을, 식재료를 이용하면 식품을 만들 수 있습니다.

미국은 지난해 3D프린터로 만든 로켓을 발사했습니다. 3D프린터 덕분에 제작 기간과 비용을 크게 줄일 수 있었습니다. 이스라엘에서는 **식물성 단백질**을 사용해 만든 생선도 출시했습니다. 맛과 질감이 실제 생선과 비슷하다는 평가를 받았습니다.

최근에는 과학자들이 3D프린터로 목재를 만드는 기술을 개발했습니다. 이 기술 덕분에 나무를 베지 않고도 목재를 얻을 수 있게 되었고, 나무를 가공하는 과정에서 발생하는 환경오염도 줄일 수 있게 되었습니다. 또, 두 가지 이상의 재료를 혼합해 결과물의 강도와 탄성 등 성능을 높이는 기술도 계속 발전하고 있습니다.

그런데 3D프린터로는 아직 **대량 생산**을 하기가 어렵습니다. 또, **유해 물질**이 나온다는 문제가 있습니다. 이러한 문제들을 해결하는 것이 남은 과제입니다.

🔍 관련 기사 헤드라인 모아 보기

- 세포부터 건물까지, 3D프린터로 뚝딱
- 3D프린팅 인공 장기 이식 시대 오나
- 3D 바이오 프린팅, 코 연골도 만든다
- 환자 치료하는 3D프린팅 기술

 시사 개념 확인하기

3D프린터	입력된 도면에 따라 입체 물품을 인쇄하는 기계예요.
생체 물질	살아 있는 몸을 이루고 있는 물질을 의미해요.
식물성 단백질	식물 재료에서 얻은 단백질을 의미해요. 보통 곡류나 콩에 식물성 단백질이 많지요.
대량 생산	제품을 대량으로 생산하는 것을 말해요. 대량 생산은 자동화 기술과 편리한 작업 환경이 뒷받침되어야 가능해요.
유해 물질	사람의 건강이나 환경에 피해를 주는 물질을 뜻해요. 유해 물질마다 각각 배출 허용 기준이 정해져 있어요.

 내용 확인하기

1 초성을 참고하여 문장에 들어갈 알맞은 시사 용어를 써 보세요.

(1) ㄷㄹ ㅅㅅ 은/는 많은 양을 생산하는 것을 말한다.

(2) 입체 물품을 인쇄하는 기계를 3D ㅍㄹㅌ (이)라고 한다.

(3) 인체나 환경에 해로운 물질을 ㅇㅎ ㅁㅈ (이)라고 한다.

2 괄호 안에 들어갈 알맞은 말을 골라 이 기사를 요약해 보세요.

> 입체 물품을 인쇄해 주는 (3D펜/3D프린터) 기술이 나날이 발전하고 있다. 작은 부품을 만드는 것을 넘어서, 이제는 (생체 물질/화학 연료)(으)로 장기도 만들어 낸다. 하지만 현재 기술로는 (대량 생산/반복 생산)이 쉽지 않고 (유해 물질/온실가스)이/가 나온다는 논란이 있다.

비판적으로 생각하기

1 3D프린터는 어떤 분야에 활용되고 있나요?
2 3D프린팅 기술의 한계는 무엇일까요?
3 3D프린팅 기술의 한계를 해결하려면 어떻게 해야 할까요?

내용 확인하기 정답 1. (1) 대량 생산 (2) 프린터 (3) 유해 물질 2. 3D프린터, 생체 물질, 대량 생산, 유해 물질

정보 9. NFT가 뭐길래

가상 세계의 화폐 NFT, 지울 수도 훔칠 수도 없어요.

실물 티켓이 없어도, NFT 티켓으로 편하게 입장할 수 있어요!

시사 용어 미리 보기

아래 문장을 읽으면서 모르는 단어에 ○표 하고 기사에서 확인하세요.

1 메타버스에서는 NFT를 통해 디지털 아이템을 사유 재산으로 가질 수 있다.
2 블록체인 기술 덕분에 가상 세계의 아이템도 안전하게 자산화할 수 있다.
3 NFT를 활용하면 디지털 예술 작품의 소유권을 증명할 수 있다.

◈ 서사원 신문   월   일

디지털 세계 속 내 자산, NFT

　현실 세계에서 물건을 사고 팔 때, 사람들은 화폐를 사용합니다. 그렇다면 가상 세계에서는 무엇으로 물건을 사고 팔까요? 가상의 디지털 세계인 메타버스는 현실에서 경험하는 모든 것을 구현한 곳이기 때문에 화폐도 있습니다. 그것이 바로 NFT입니다. NFT는 메타버스 세계 속 사유 재산을 의미합니다. 즉, 메타버스에서 경제 활동을 할 때 자유롭게 사용할 수 있는 현금과 같은 것입니다.

　디지털 세계에서 물건을 사고 파는 과정은 눈에 보이지 않기 때문에 불확실한 면이 있었습니다. 그림, 사진과 같은 디지털 자산은 쉽게 복제할 수 있어서 어떤 것이 원본이고 누구의 소유인지 명확히 할 수 없었기 때문입니다. 그런데 NFT를 활용하면 각 디지털 자산에 고유한 값이 부여됩니다. 그 값은 블록체인(Blockchain)이라는 고도의 기술로 저장되며, 이를 통해 사람들이 물건을 자유롭게 거래할 수 있습니다.

　NFT는 마음대로 삭제하거나 위조할 수 없고, 다른 화폐로 대체할 수도 없습니다. 또, 소유권과 거래 내역이 기록되기 때문에 디지털 인증서나 소유권 증명서처럼 사용할 수 있습니다. 이 덕분에 NFT를 활용하면 누구든지 안전하게 거래할 수 있습니다. 이러한 특성 덕분에 NFT는 한정판 디지털 상품을 만들고 싶은 예술가나 사업가들의 열렬한 관심을 받는 중입니다.

　세계적으로 NFT에 대한 관심이 높아지고 있습니다. 개인뿐만 아니라 기업들도 NFT 시장에 발을 들이고 있습니다. 산업 전반에 걸쳐 디지털 전환이 빠르게 이뤄지고, 블록체인 기술이 급속도로 발전하고 있습니다. 가상의 대상을 눈에 보이는 형태로 자산화할 수 있다는 점이 매력적으로 작용하고 있습니다.

🔍 관련 기사 헤드라인 모아 보기

▸ 가상 자산 열풍에
　K게임 블록체인 프로젝트

▸ 디지털 변혁 시대, 예술에도 NFT·메타버스
　적극 도입돼야

▸ NFT로 예술과 기술의 융합을 이끈다

▸ 1억짜리 훈민정음 해례본 NFT,
　해외서도 뜨겁다

NFT	'대체 불가능한 토큰(Non-Fungible Token)'이라는 뜻으로, 가상 세계에서 사용할 수 있는 디지털 자산을 의미해요.
사유 재산	개인이 자유롭게 사용할 수 있는 현금, 집이나 땅 등의 부동산, 주식이나 채권 등을 의미해요.
블록체인 (Blockchain)	정보를 컴퓨터에 체인 형태로 저장해서 여럿이 함께 쓰는 디지털 기록장이에요. 한 사람이 정보를 몰래 바꾸기 어렵고, 안전하게 기록을 남길 수 있지요.
자산화	경제적 가치가 있는 현금이나 부동산 등의 자산으로 바꾸는 것을 의미해요.

1 시사 개념의 설명으로 알맞은 것에 ○표 하세요.

(1) **NFT** ㉠ 마음대로 복제할 수 있는 디지털 자산. ㉡ 대체가 불가능한 디지털 자산.

(2) **블록체인** ㉠ 체인 형태로 저장된 디지털 기록장. ㉡ 비밀 네트워크 통장.

(3) **자산화** ㉠ 현금이나 부동산 등의 자산으로 바꾸는 것. ㉡ 지식을 정보의 형태로 바꾸는 것.

2 괄호 안에 들어갈 알맞은 말을 골라 이 기사를 요약해 보세요.

> 현실을 구현한 가상의 디지털 세계인 (메타버스/SNS)에서도 경제 활동이 일어난다. 바로 (코인/ NFT)을/를 화폐처럼 주고받는 것이다. 디지털 상품을 NFT로 사고 팔아 가상 세계 속 자산을 늘릴 수 있다. NFT의 가치는 (클라우드/블록체인)에 저장되어 함부로 삭제하거나 위조할 수 없다.

비판적으로 생각하기

1 디지털 세상에서의 경제 활동은 어떤 문제가 있었나요?
2 NFT는 어떤 특성을 가지고 있나요?
3 NFT에 대한 관심이 높아진 이유는 무엇일까요?

내용 확인하기 정답 1. (1) ㉡ (2) ㉠ (3) ㉠ 2. 메타버스, NFT, 블록체인

정보 10. 무인 농업 시대

이제는 집에서도, 사무실에서도 농사를 지을 수 있어요.

직접 땀 흘리지 않아도 농사를 지을 수 있다니!

시사 용어 미리 보기

아래 문장을 읽으면서 모르는 단어에 ○표 하고 기사에서 확인하세요.

1 농촌의 고령화로 인해 농업 인력이 부족해지고 있다.
2 자율 주행 기술 덕분에 농사의 효율이 높아지고 있다.
3 인공지능 농기계를 도입하면서 재택 농사가 가능해졌다.

◈ 서사원 신문   월   일

사람 없이 농사를 짓는다고요?

　농촌 고령화가 빠르게 진행되면서 농촌의 **인력** 부족 문제가 심각해지고 있습니다. 이 문제를 해결하기 위해 개발하고 있는 것이 **자율 주행** 농기계입니다.

　정부는 농촌의 일손 부족 문제를 해결하기 위해 기계화가 덜 된 밭 농업을 중심으로 농작업 전 과정을 기계화한다고 발표했습니다. 이에 따라, 국내 농기계 업체들은 자율 주행을 넘어 완전한 무인 농업의 실현을 위해 연구하고 있습니다. 자율 주행 기술은 이미 상용화 단계에 접어들었다고 합니다.

　무인 농업은 사람이 직접 제어하지 않아도 농기계가 농경지 환경에 맞춰 자율적으로 작업하는 방식을 말합니다. 자율 주행 농기계는 '원격 제어 → 자동 조향 → 자율 주행 → 자율 작업 → 무인 작업'의 다섯 가지 발전 단계로 구분됩니다. 이미 사람의 개입 없이도 작업할 수 있는 무인 작업 단계까지 기술이 발전했습니다.

　무인 농업이 상용화되면 가정이나 사무실에서도 농업을 할 수 있는 '재택 농사'도 가능해질 것입니다. 빅데이터를 활용해 농사를 계획해 수확을 최대로 거두게 하는 **정밀 농업**까지 더해지면 생산성을 더욱 높일 수 있습니다.

　하지만 무조건 높은 단계의 자율 주행 농기계를 사용하는 것만이 좋은 건 아닙니다. 작업지의 규모와 형태를 고려해야 합니다. 또, 자율 주행 농기계는 아주 비싼 제품이어서 농민들에게 큰 부담이 될 것입니다.

　그럼에도 불구하고 자율 주행 농기계를 개발하는 일은 의미가 있습니다. 이는 단순히 사람의 손을 덜 빌리기 위한 기술 개발이 아니라, 어려움을 겪고 있는 농촌에 변화를 주려는 시도이기 때문입니다.

🔍 관련 기사 헤드라인 모아 보기

▸ 자율 주행 농기계 시대 성큼…
　기종 확대, 기술 개발 사활

▸ "우린 저렇게 못해"
　베테랑 농부, 자율 작업 트랙터에 완패

▸ 고령자·여성도 사용할 수 있게
　트랙터 조작 편의성 및 자율 주행 기능 강화

▸ 농기계, 자율 주행 넘어 AI 원격 진단까지

농촌 고령화	농촌에 사는 노인의 비율이 높아지는 현상이에요. 청장년 인구의 유출, 자녀 수 감소, 평균 수명 연장 등 여러 이유 때문이지요.
인력	사람의 힘, 즉 노동력을 의미해요. 일하는 데 필요한 사람의 정신적, 육체적인 모든 능력을 포함해요.
자율 주행	운전자 없이 교통수단 내부에 탑재된 인공지능 컴퓨터가 스스로 판단하여 인공지능의 명령에 따라 주행하는 방식을 의미해요.
정밀 농업	정보 통신 기술을 활용해, 사람의 노동력을 최소화하고, 농업 생산량을 최대화하는 방식을 의미해요.

1 시사 개념의 설명으로 알맞은 것에 ○표 하세요.

(1) **정밀 농업** ㉠ 작고 미세한 작물을 기르기 위한 농업. ㉡ 생산 효율을 극대화하는 농업.

(2) **자율 주행** ㉠ 운전자 맞춤형으로 주행하는 방식. ㉡ 사람 없이 기계가 스스로 판단하여 주행하는 방식.

(3) **인력** ㉠ 노동력. ㉡ 목적을 다하려 애를 씀.

2 괄호 안에 들어갈 알맞은 말을 골라 이 기사를 요약해 보세요.

> 농촌에 (고령화/저임금) 문제로 (기계/인력) 부족 문제가 심각한 상황이다. 이를 해결하기 위해 (무인 대여/자율 주행) 농기계가 개발되고 있으며, (무인/친환경) 농업 시대가 열리고 있다. 이제는 집에서 농사를 짓는 (친환경 농사/재택 농사)도 가능해진다.

비판적으로 생각하기

1 자율 주행 농기계가 환영을 받고 있는 이유는 무엇일까요?
2 자율 주행 농기계는 어떤 문제점이 있을까요?
3 무인 농업 시대는 어떤 변화를 가져올까요?

내용 확인하기 정답 1. (1) ㉡ (2) ㉡ (3) ㉠ 2. 고령화, 인력, 자율 주행, 무인, 재택 농사

4

문화·예술

예술이 없다면 삶은 얼마나 심심할까요? 사람들을 즐겁게 해 주고 삶을 풍요롭게 하는 예술에는 그 사회의 중요한 가치가 담겨 있지요. 또, 예술은 많은 사람들의 개성을 포함할 수 있도록 점점 더 다양한 모습으로 발전하고 있어요. 그럼, 우리 삶을 아름답게 만들어 주는 문화·예술을 만끽하러 여행을 떠나볼까요?

시사 개념 한눈에 보기

1	무지개로 물든 퀴어 축제	성 소수자, 퀴어 문화 축제, 사회적 약자, 성 정체성
2	유네스코 문화유산 등재	유네스코, 4·19 혁명, 종묘 제례, 종가 문화
3	당신의 MBTI는?	MBTI, 채용, 우대, 과몰입, 신뢰도
4	성 중립 언어가 뭔가요?	성평등, 성차별, 중성형 대명사, 성 중립 언어
5	부끄러운 한글날	한글날, 신조어, 외래어, 문해력
6	명절이 국가무형유산?	명절, 무형유산, 절기, 인간문화제
7	달라진 명절 문화	간소화, 핵가족화, 윤회 사상, 유교 문화
8	오버투어리즘 실태	오버투어리즘, 명소, 무단 투기, 과태료
9	먹방이 왜 문제인가요?	먹방, 혼밥, 맵부심, 세계보건기구
10	광화문 월대가 복원됐어요	훼철, 조선왕조실록, 조선총독부, 조선부업공진회

문화·예술

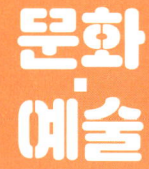

1. 무지개로 물든 퀴어 축제

차이를 존중할수록, 세상은 더 다채로워져요.

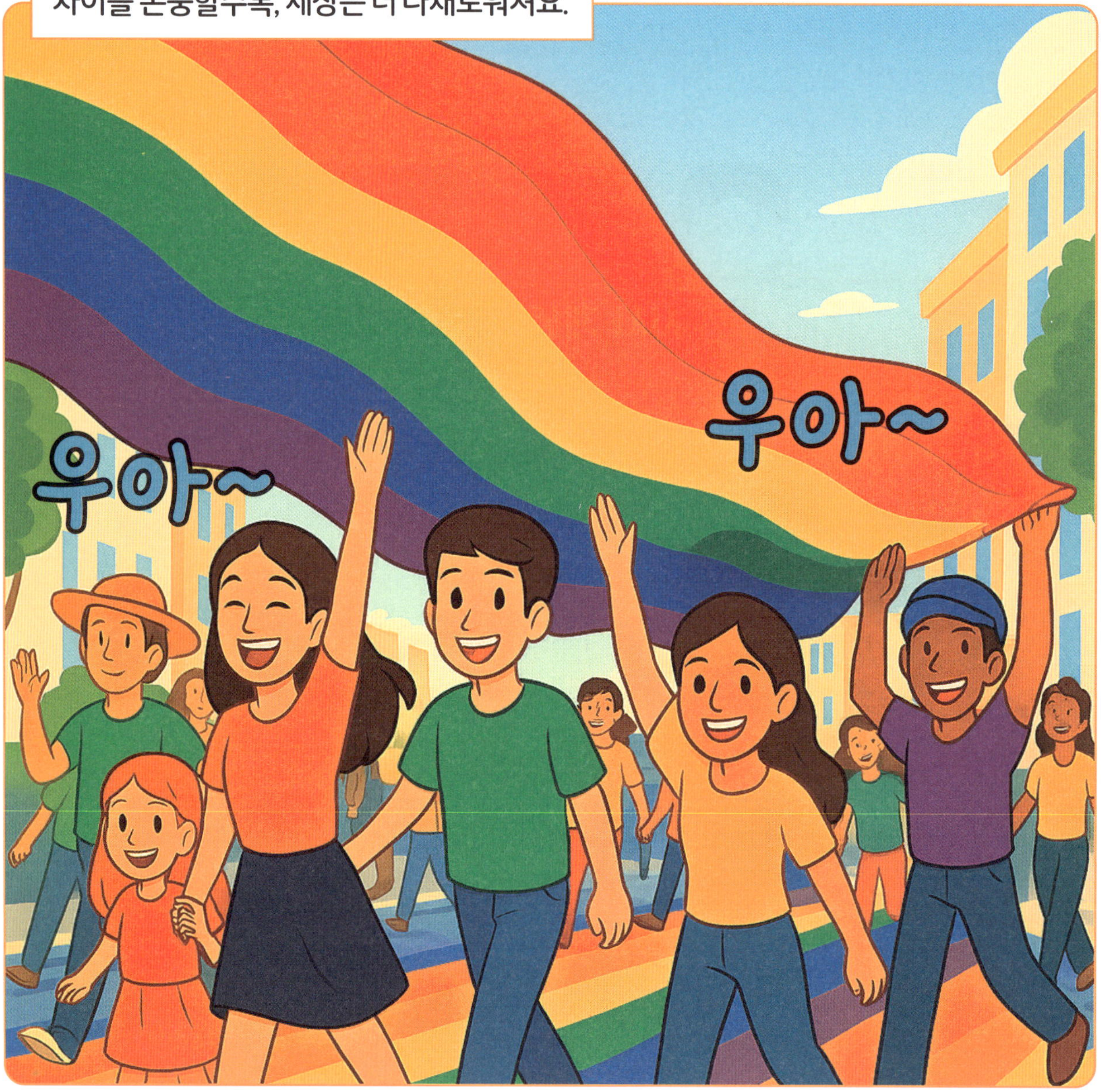

시사 용어 미리 보기

아래 문장을 읽으면서 모르는 단어에 ○표 하고 기사에서 확인하세요.

1 성 소수자 차별 반대를 외치는 퀴어 문화 축제가 매년 열리고 있다.

2 퀴어 문화 축제와 이를 반대하는 맞불 집회가 동시에 열렸다.

3 사회적 약자가 차별을 받아서는 안 된다.

◈ 서사원 신문   월   일

무지개처럼 다양하게!

　매년 여름, 찜통더위 속 도심 곳곳에서 **성 소수자**들이 모여 **퀴어 문화 축제**를 엽니다. '퀴어(Queer)'는 본래 '이상한, 기이한' 등의 뜻을 가진 말에서 비롯되었는데, 지금은 성 소수자를 지칭하는 말로 쓰입니다.

　축제 현장에서는 퍼레이드, 영화제, 전시회, 토론 등이 열리고, 곳곳에는 성 소수자를 상징하는 무지개 색 현수막이 걸려 있습니다. 행사 참석자들은 무지개 색 부채, 가방, 팔찌 등을 착용하고 축제를 즐깁니다. 무지개 색은 성 소수자의 다양성을 표현하는 의미를 담고 있습니다. 처음에는 빨강, 주황, 노랑, 초록, 파랑, 남색, 보라의 일곱 가지 색에 분홍색을 더한 여덟 가지 색깔을 사용했습니다. 그러나 대량 생산이 어려운 분홍색이 제외되고, 이후 남색도 제외되면서 여섯 가지 색깔로 굳어졌습니다.

　퍼레이드 참석자들은 깃발을 흔들며 성 소수자 차별 반대를 외칩니다. 성 소수자가 아닌 시민들도 퀴어 축제를 지지한다는 의미로 동참합니다. 하지만 같은 시간, 근처에서 맞불 집회도 열리곤 합니다. 이들은 성 소수자와 퀴어 문화 축제를 반대하며 혐오 발언을 합니다. 매년 퀴어 문화 축제에 반대하는 집회가 열리자, 경찰은 큰 충돌이 일어나지 않게 하기 위해 애를 쓰고 있습니다.

　퀴어 문화 축제 관계자는 "아직 우리나라에 혐오와 차별이 가득하지만, 성 소수자를 비롯한 다양한 **사회적 약자**를 위한 세상이 분명히 올 것입니다. 인종, 피부색, 장애, 학력, 출신 지역, 국가, **성 정체성**, 성적 지향에 상관없이 우리는 모두 이 땅에 사는 동료 시민입니다."라고 입장을 밝혔습니다.

🔍 관련 기사 헤드라인 모아 보기

▸ 공무원 "막아라" vs 경찰 "비켜라"
　대구 퀴어 축제 충돌

▸ "동성애 그만" vs "인권 존중"
　퀴어 찬반 집회

▸ 서울 광장 퀴어 축제 또 막은 서울시,
　토론회·강연도 불허

▸ 올해 다섯 번째 열린 퀴어 문화 축제,
　혐오는 우주의 이치 아니다

시사 개념 확인하기

성 소수자	사회 다수의 사람들과 다른 방식으로 자신의 성별을 느끼거나, 사랑하는 사람을 선택하는 사람들이에요. 같은 성별끼리 사랑하거나, 자신을 다른 성별로 느끼는 사람들이 포함되지요.
퀴어 문화 축제	대한민국의 성 소수자 행사로, 2000년부터 시작되어 매년 열리고 있어요.
사회적 약자	신체적·문화적 특징으로 인해 사회의 주류 집단 구성원에게 차별을 받는 사람들을 의미해요.
성 정체성	자신의 성별에 대한 인식을 뜻해요. 자신의 성별 때문에 혼란을 겪는 이들이 있어요.

내용 확인하기

1 초성을 참고하여 문장에 들어갈 알맞은 시사 용어를 써 보세요.

(1) ㅅㅎㅈ ㅇㅈ 은/는 신체적·문화적 특징으로 차별을 받는 사람을 의미한다.

(2) 성과 관련하여 사회 다수의 사람들과 다른 생각을 지닌 사람들을 ㅅ ㅅㅅㅈ (이)라고 한다.

(3) ㅅ ㅈㅊㅅ 은/는 자신의 성별에 대한 인식을 뜻한다.

2 빈칸에 알맞은 말을 채워 이 기사를 요약해 보세요.

> 보기 무지개 색, 사회적 약자, 퀴어 문화 축제, 성 소수자

매해 여름마다 대한민국의 _____ 을/를 위한 축제인 _____ 이/가 열린다. 무지개 깃발을 두른 채 혐오와 차별을 반대하며, 그들과 같은 _____ 을/를 위한 세상이 올 것이라 외친다.

비판적으로 생각하기

1 퀴어 문화 축제는 무엇을 위한 행사일까요?
2 무지개 색은 어떻게 퀴어를 상징하게 되었을까요?
3 사람들은 왜 퀴어 문화 축제를 반대하는 걸까요?

내용 확인하기 정답 1. (1) 사회적 약자 (2) 성 소수자 (3) 성 정체성 2. 성 소수자, 퀴어 문화 축제, 사회적 약자

2. 유네스코 문화유산 등재

대한민국의 문화유산,
이제는 전 세계의 자랑이에요!

와, 정말 멋있어요!

시사 용어 미리 보기

아래 문장을 읽으면서 모르는 단어에 ○표 하고 기사에서 확인하세요.

1 종묘 제례는 유네스코 문화유산으로 등재됐다.
2 고분은 중요한 문화유산으로, 과거의 역사를 알려 주는 귀중한 유적지이다.
3 판소리는 유네스코에 등재되어 한국 전통의 중요한 가치를 세계에 알리고 있다.

◈ 서사원 신문   월   일

대한민국은 문화 부자

　유네스코는 세계의 가치 있는 문화를 세계유산, 인류무형문화유산, 그리고 세계기록유산으로 지정하고 있습니다. 유네스코에 등재된 우리나라의 세계유산으로는 석굴암과 불국사, 합천 해인사 장경판전, 종묘 등 문화유산 16건과, 제주도 화산섬과 용암동굴, 한국의 갯벌 등 자연유산 2건이 포함되어 있습니다. 또, 세계기록유산에는 훈민정음, 조선왕조실록, 5·18 관련 기록물 등 20건이 등재되어 있습니다.

　2023년에는 세계유산으로 가야고분군이, 세계기록유산으로 4.19 혁명 기록물과 동학농민혁명기록물이 등재되었습니다. 2025년에는 세계기록유산으로 4.3기록물과 산림녹화기록물이 등재되었습니다.

　우리나라의 인류무형유산으로는 2022년에 등재된 탈춤이 있습니다. 탈춤은 가면을 쓰고 노래하는 가면극으로, 사회 부조리를 해학과 풍자로 풀어낸 조선 후기의 민중 예술입니다. 우리나라는 이밖에도 장 담그기 문화, 종묘 제례, 판소리 등 총 23개의 인류무형문화유산을 보유하고 있습니다. 이제는 현재 24번째 인류무형유산을 등재하기 위해 준비 중입니다.

　최근 가장 활발히 등재를 추진하는 무형유산은 바로 전통종이 한지입니다. 우리나라의 한지는 일본의 화지나 중국의 선지와 다릅니다. 한지는 닥나무 껍질을 사용하여 질기고 자연스러운 특성을 가지고 있어 질적으로 우수합니다. 한지 외에도, 전통 종가문화도 유네스코 등재를 추진하고 있습니다. 우리나라의 소중한 문화유산을 알리고 보존하는 일은 매우 중요한 과제입니다. 앞으로는 어떤 문화유산이 유네스코에 등재될지 기대해 보아도 좋겠습니다.

🔍 관련 기사 헤드라인 모아 보기

- 문화재청, 한지 유네스코 인류무형유산 등재 신청
- 제주 4·3 기록물 세계기록유산 됐다
- 가야 고분 7곳, 한국의 16번째 유네스코 세계유산 등재
- 유네스코 한국 최초 등재 된 무형문화유산 '종묘제례악'

 시사 개념 확인하기

유네스코	전 세계의 교육과 과학, 문화를 교류하기 위해 설립한 유엔(국제연합)의 전문 기구예요.
4·19 혁명	1960년 4월 19일 이승만 정권의 독재에 반대하는 시민들이 항쟁한 사건이에요.
종묘 제례	종묘에서 거행하는 나라의 제사예요. 조선 시대의 왕과 왕비의 제사 가운데 규모가 크고 중요한 제사였으며 엄격한 절차에 따라 진행되었어요.
종가 문화	맏이로만 대대로 이어온 큰집을 종가라고 해요. 수백년 동안 보존해 온 집·사당·정자·정원 등 다양한 형태의 문화유산이 포함되어 있어요.

 내용 확인하기

1 시사 개념의 설명으로 알맞은 것에 ○표 하세요.

(1) **유네스코** | ㉠ 전 세계의 문화를 교류하기 위해 만든 유엔의 기구. | ㉡ 지구 환경을 보호하기 위해 만든 유엔의 기구.

(2) **종묘 제례** | ㉠ 종묘에서 지내는 왕실의 제사. | ㉡ 조상님에게 제사를 지내는 것.

(3) **종가** | ㉠ 맏이로만 대대로 이어온 큰집. | ㉡ 본래 살던 집.

2 빈칸에 알맞은 말을 채워 이 기사를 요약해 보세요.

> **보기** 4·19 혁명, 유네스코, 탈춤

> _____ 은/는 세계의 가치 있는 문화를 세계유산, 인류무형문화유산, 그리고 기록유산으로 지정하여 보존하고 있다. 2022년 대한민국 _____ 이/가 인류무형유산으로 등재됐다.

비판적 생각하기

1 유네스코 문화유산은 어떻게 분류되나요?
2 현재 유네스코 등재를 추진 중인 것으로는 어떤 것들이 있나요?
3 유네스코 문화유산 등재는 어떤 의미가 있나요?

내용 확인하기 정답 1. (1) ㉠ (2) ㉠ (3) ㉠ 2. 유네스코, 탈춤

문화·예술 3. 당신의 MBTI는?

📰 시사 용어 미리 보기

아래 문장을 읽으면서 모르는 단어에 ○표 하고 기사에서 확인하세요.

1 일부 기업은 채용 과정에서 MBTI 유형을 고려하기도 한다.
2 MBTI는 실생활에서의 성격을 이해하기 위한 도구로 많이 사용된다.
3 MBTI에 과몰입하는 것은 좋지 않다.

◆ 서사원 신문

월   일

MBTI, 어디까지 믿을 수 있을까?

여러분의 **MBTI**는 무엇인가요? MBTI는 성격 유형을 검사하는 도구로, 'E(외향형)-I(내향형)', 'S(감각형)-N(직관형)', 'T(사고형)-F(감정형)', 'J(판단형)-P(인식형)'의 네 가지 기준으로 사람의 성격을 열여섯 개 유형으로 구분해 줍니다.

최근 몇 년 사이 MBTI는 2~30대 사이에서 타인의 성격을 가늠하는 중요한 판단 기준으로 활용되고 있습니다. 첫 만남, 소개팅, 회사 워크숍 등에서 서로의 MBTI를 묻는 것이 일상적인 일이 되었습니다.

특히, MBTI 검사 결과를 직원 **채용**에 활용하는 기업들이 늘어나고 있습니다. 입사 지원용 자기소개서에 자신의 MBTI 유형을 밝히게 되어 있기도 합니다. 일부 회사는 아예 채용 공고에 '재기발랄한 ENFP, 만능 재주꾼 ISTP, 숫자에 밝고 상냥한 ESTP를 환영한다'는 문구를 싣기도 하고, 'MBTI가 E로 시작하는 분을 **우대**한다'는 조건을 내세우기도 했습니다.

사람들이 MBTI에 **과몰입**하게 된 이유 중 하나로 코로나19로 인해 비대면 사회가 확산된 것을 꼽기도 합니다. SNS를 통해 MBTI를 공유하면서, 타인과 대면하지 않고도 서로에 대한 이해를 높일 수 있게 되면서 유행하게 된 것입니다.

하지만 전문가들은 MBTI의 **신뢰도**가 높지 않다며 경고했습니다. 특히 MBTI 검사를 채용에 활용하는 데 부정적인 입장을 보였습니다. MBTI로 직원들의 강점과 약점을 파악할 수는 있지만, 이를 바탕으로 지원자의 업무 성과를 예측할 수 없다고 말했습니다.

🔍 관련 기사 헤드라인 모아 보기

▸ "자네는 E인가?" MBTI 묻는 기업들

▸ 성인 미혼 남녀 MBTI로 딱 맞는 짝 찾는다

▸ "한국, 채용에도 MBTI 활용" 해외 언론도 주목한 MBTI 열풍

▸ 취업 시장 차별 논란 "취업하려면 MBTI도 바꿔야 하나요?"

 시사 개념 확인하기

MBTI	사람의 성격을 열여섯 개 유형으로 나누어 보여주는 도구예요. 우리가 세상을 어떻게 보고, 결정을 내리는지 네 가지 기준으로 나눠 알아볼 수 있어요.
채용	회사에 필요한 직원을 뽑는 일을 뜻해요.
우대	특별히 더 좋게 대우하는 것을 의미해요.
과몰입	필요 이상으로 과도하게 몰입하는 경우를 말해요.
신뢰도	그 결과가 믿을 만한지, 의지할 만한지를 나타내는 말이에요.

 내용 확인하기

1 초성을 참고하여 문장에 들어갈 알맞은 시사 용어를 써 보세요.

(1) 회사 직원을 뽑는 일을 ㅊㅇ (이)라고 한다.

(2) ㅅㄹㄷ 은/는 어떠한 결과가 믿을 만한지를 의미한다.

(3) ㅇㄷ 은/는 특별히 더 좋게 대우하는 것을 뜻한다.

2 이 기사를 이해한 내용으로 맞는 것은 O표, 틀린 것은 ×표 하세요.

(1) MBTI 검사 결과를 회사 직원 채용에 활용하기도 한다. (   )

(2) 전문가들은 MBTI를 무분별하게 믿어서는 안 된다고 지적한다. (   )

(3) 불안애착검사인 MBTI는 젊은 세대들 사이에서 서로를 이해하기 위한 판단 기준으로 활용된다.
(   )

 비판적 생각하기

1 MBTI가 유행하게 된 이유는 무엇일까요?
2 MBTI가 어디에 활용되고 있는지 조사해 볼까요?
3 MBTI에 너무 과몰입하면 어떤 문제점이 생길까요?

내용 확인하기 정답   1. (1) 채용 (2) 신뢰도 (3) 우대 2. (1) O (2) O (3) ×

문화·예술

4. 성 중립 언어가 뭔가요?

보이지 않는 성차별이 여전히 일상 곳곳에 스며 있어요.
모든 편견과 고정 관념으로부터 벗어나기 위해 노력해야 해요.

여자는 여자답고, 남자는 남자다워야지!

나는 나답게, 너는 너답게!

📰 시사 용어 미리 보기

아래 문장을 읽으면서 모르는 단어에 ○표 하고 기사에서 확인하세요.

1 성 중립 언어를 사용하며 성별에 상관없이 모두를 존중해야 한다.
2 성평등을 실현하려면 성차별을 없애려는 노력이 필요하다.
3 '그'나 '그녀' 대신 중성형 대명사를 쓰기도 한다.

◈ 서사원 신문　　　　　　　　　　　　　　　　월　　　일

차별 없는 언어 생활을 시작해요!

　세계 곳곳에서 성평등 사회를 만들기 위한 움직임이 일어나고 있습니다. 성 역할에 대한 고정 관념을 바꾸기 위해서입니다.

　특히, 유럽에서는 전통적인 성 역할로 인한 편견과 성차별을 없애기 위해 여러 시도를 하고 있습니다. 예를 들어, 독일에서는 횡단보도 신호등에 그려진 남자 그림을 여자 그림으로 바꾸었고, 스웨덴은 남성도 여성도 아닌 중성형 대명사 'Hen'을 사전에 추가했습니다. 오스트리아는 국가 가사에서 '위대한 아들들의 나라'라는 가사를 '위대한 딸들과 아들들의 나라'로 바꾸었습니다. 독일의 한 장난감 회사는 남자아이가 주방에서 앞치마를 입고 놀고 여자아이가 총을 가지고 노는 광고를 만들었습니다. 프랑스나 독일, 스페인 등 유럽의 많은 국가에서 성 중립적인 단어들을 점점 더 많이 쓰고 있습니다.

　하지만 이러한 변화를 달가워하지 않는 사람들도 있습니다. 이들은 전통적인 성 역할을 지지하며 남성은 남성답고, 여성은 여성다워야 한다고 주장합니다. 오래 써오던 기존의 단어나 문법을 성 중립 언어로 바꾸는 것이 불편하다고 생각하는 것입니다.

　그러나 성별에 상관없이 서로를 존중하고 이해해야 한다고 생각하는 사람들은, 이러한 변화가 남성 중심의 지배 구조를 깨고 서로를 더 존중하게 만든다고 말합니다. 이제는 많은 사람들이 단순히 성별로만 구분되는 것을 원하지 않습니다. 우리도 이제 성 역할에 대한 고정 관념을 없애기 위해 노력해야 할 때입니다.

🔍 관련 기사 헤드라인 모아 보기

▸ 프랑스에서 성 중립 표기법 금지 추진, 정치권서 논쟁

▸ 옥스퍼드 영어사전의 성 중립적인 존칭 '믹스(Mx)' 채택

▸ 유럽 지하철서 "신사숙녀 여러분" 안내 사라진다

▸ 왜 주인공은 항상 남자지? 성평등 애니메이션을 만들어 주세요.

 **시사 개념 확인하기**

성평등	성별에 따른 차별을 받지 않고 자신의 능력에 따라 동등한 기회와 권리를 누리는 것을 말해요.
성차별	성별을 이유로 공평하지 않게 구별하여 대우하는 것을 의미해요.
중성형 대명사	여성(그녀)과 남성(그)으로 나눌 필요 없는, 성이 구분되지 않는 대명사를 중성형 대명사라고 해요.
성 중립 언어	남성, 여성의 역할에 대하여 고정 관념이 반영되지 않은 언어를 뜻해요.

 **내용 확인하기**

1 시사 개념의 알맞은 설명을 찾아 선으로 이어 보세요.

(1) 성평등　　　　　　　　　　　　⊙ ㉠ 성별을 이유로 공평하지 않게 대우하는 것.

(2) 성차별　　　　　　　　　　　　⊙ ㉡ 성 역할에 대한 고정 관념이 반영되지 않은 언어.

(3) 성 중립 언어 ⊙　　　　　　　　⊙ ㉢ 성별에 따라 차별을 받지 않는 것.

2 괄호 안에 들어갈 알맞은 말을 골라 이 기사를 요약해 보세요.

> 세계 곳곳에서 (남성 우월/성평등) 사회로의 움직임이 일어나고 있다. (성 역할/성평등)에 대한 고정 관념을 없애기 위해 유럽의 여러 나라에서 (성 중립/성 분리) 언어를 사용하려 하고 있다.

 비판적으로 생각하기

1 성 중립 언어는 왜 등장하게 된 걸까요?
2 성 중립 언어 사용을 반대하는 근거는 무엇일까요?
3 성평등 사회를 위해 우리나라는 어떤 노력을 해야 할까요?

내용 확인하기 정답　1. (1) ㉢ (2) ㉠ (3) ㉡　2. 성평등, 성 역할, 성 중립

문화·예술

5. 부끄러운 한글날

시사 용어 미리 보기

아래 문장을 읽으면서 모르는 단어에 ○표 하고 기사에서 확인하세요.

1 줄임말과 신조어를 쓰는 학생들이 많다.
2 한글은 고유의 문자 체계를 가진 우수한 문자이다.
3 학생들의 문해력 부족 문제가 논란이 되고 있다.

◆ 서사원 신문   월   일

우리말을 지키는 법

　10월 9일은 한글의 우수성을 알리고 기념하는 **한글날**입니다. 하지만 한글날의 의미가 무색하게 외래어나 **신조어**, 줄임말을 남발하는 경우가 많습니다. '핵인싸, 자만추, TMI, 갑분싸'와 같은 신조어와 줄임말은 10대 사이에서 자주 사용됩니다. 이런 언어는 그 시대를 표현하는 언어 문화라는 점에서 긍정적인 면도 있지만, 한글을 훼손한다는 비판도 많습니다. 줄임말이나 신조어는 언어의 축약이나 합성, 한글 맞춤법을 무시하는 경우가 많아 올바른 표현이 아니기 때문입니다.

　또한 **외래어**나 한자어, 외국어를 남용하는 문제도 커지고 있습니다. '네트워크, 네티즌, 백미러, 더치페이, 언택트' 등 서구식 외래어와 엉터리 영어를 섞어 쓰는 것은 오래된 문제입니다. 일본식 한자어와 외래어도 가게 간판 등에서 많이 쓰이고 있습니다. 예를 들면, '사시미(생선회), 짬뽕(초마면), 우동(가락국수)' 등이 해당합니다.

　뉴스 등 방송에서도 '가드닝, 핫플, 파캉스' 같이 뜻을 알기 어려운 외래어를 순화 없이 사용하는 경우가 많습니다. 그리고 단지 재미를 위해 일부러 단어를 변형해서 쓰는 사례도 많습니다. '하나도 없다'는 '1도 없다'로, '들어와'를 '드루와'로, '신나'를 '쎤나'로 의태어처럼 표현하기도 합니다.

　사람들의 **문해력**과 어휘력이 눈에 띄게 부족해졌다는 의견도 많습니다. 예를 들어, '사흘'을 4일로 잘못 알고 있거나, '금일'을 금요일로 착각하는 사람들이 많아 사회적 논란이 되고 있습니다. 한국어는 전 세계 언어 중 가장 표현이 풍부하며, 문맹률 1% 이하의 쉽고 자랑스러운 언어입니다. 한글의 가치를 지키기 위해서는 모두의 관심과 노력이 필요합니다.

🔍 관련 기사 헤드라인 모아 보기

▸ 꾸웨엑·가나디…
　언어 파괴에 부끄러운 한글날

▸ 공공기관이 '외래어 사용' 앞장서는
　부끄러운 현실

▸ 한글날 맞아
　"우리말에 대한 무관심, 외국어 남용 등 우려"

▸ 억지 단축어·신조어·비속어는 점입가경
　2100년 현존 언어 절반 이상이 사라진다

 **시사 개념 확인하기**

한글날	세종대왕이 훈민정음을 창제하여 반포한 날을 기념하고 한글의 우수성을 알리기 위해 지정한 국경일이에요.
신조어	새로 만들어지거나 변형된 말로, 표준어로 등재되지 않은 말이에요. 시대의 변화를 반영하고 있지요.
외래어	외국에서 들어와 우리말로 쓰이는 어휘를 말해요. 버스, 컴퓨터, 피아노 등이 있어요.
문해력	글을 읽고 이해하는 능력을 뜻해요. 단순히 글자를 읽는 게 아니라, 글 속에 담긴 의미나 정보를 잘 파악하는 걸 말하지요.

 **내용 확인하기**

1 초성을 참고하여 문장에 들어갈 알맞은 시사 용어를 써 보세요.

(1) 다른 나라에서 들어와 우리말로 쓰는 단어를 ㅇㄹㅇ (이)라고 한다.

(2) ㅅㅈㅇ 은/는 시대의 변화에 따라 새롭게 만들어진 말을 의미한다.

(3) ㅁㅎㄹ 은/는 글을 읽고 이해하는 능력을 뜻한다.

2 빈칸에 알맞은 말을 채워 이 기사를 요약해 보세요.

> **보기** 신조어, 문해력, 외래어, 한국어

> 10대들이 새롭게 만든 _____ (이)나 줄임말 때문에 소통이 어려워지기도 하고, 일본식·영어식 _____ 도 과하게 사용되고 있다. 이런 현상은 학생들의 _____ 이/가 부족해지는 것과도 관련이 있다.

비판적으로 생각하기

1 한글은 왜 훼손되고 있을까요?
2 외래어나 신조어를 사용하는 것의 장점이 있을까요?
3 학생들의 문해력을 키우기 위해 어떻게 해야 할까요?

내용 확인하기 정답 1. (1) 외래어 (2) 신조어 (3) 문해력 2. 신조어, 외래어, 문해력

문화·예술
6. 명절이 국가무형유산?

우리 공동체의 전통을 잇는 명절,
국가문화유산으로 지정되며 새롭게 빛나고 있어요.

시사 용어 미리 보기

아래 문장을 읽으면서 모르는 단어에 ○표 하고 기사에서 확인하세요.

1 국가무형유산으로 지정된 명절 문화는 세대를 넘어 전승되고 있다.
2 절기를 참고하면 농사를 짓기 좋은 시기를 알 수 있다.
3 인간문화재는 국가무형유산을 지키고 전승하는 중요한 역할을 한다.

◈ 서사원 신문   월   일

우리 민족의 정신 담은 명절, 무형유산으로 남다

 2023년 12월, 우리 민족의 다섯 개 대표 **명절**이 신규 국가**무형유산**으로 지정되었습니다. 우리나라에서는 형태가 없는 문화 가운데 역사적·예술적 가치가 높은 것을 보존하고 계승하기 위해 문화유산으로 지정하고 있습니다.

 이번에 국가무형유산으로 지정된 우리 명절은 설과 대보름, 한식, 단오, 추석, 그리고 동지입니다. 설과 대보름은 음력 1월 1일부터 보름인 15일까지 한 해의 시작을 기념합니다. 한식에는 조상의 산소를 찾아가 제사를 지내고, 음력 5월 5일 단오에는 그네뛰기, 씨름 등의 놀이를 합니다. 음력 8월 15일 추석에는 송편을 빚어 제사를 지내고 보름달 아래 강강술래를 합니다. 또 동지는 24절기 중 22번째 **절기**로, 일 년 가운데 밤이 가장 길고 낮이 가장 짧은 날입니다.

 예전에 무형유산은 전문 기술이나 예술 능력을 보유한 전승자, 즉 **인간문화재** 중심으로 지정되었지만, 최근에는 공동체의 생활 관습으로 범위가 확대되었습니다. 이에 따라 2022년에는 한복 생활과 윷놀이 등이 지정되었고, 2023년에는 명절이 국가무형유산으로 지정된 것입니다.

 우리 명절은 삼국 시대부터 이어져 온 고유한 문화로, 조상 숭배와 가족 공동체의 화합을 도모하는 중요한 가치를 지니고 있습니다. 문화재청은 다섯 개 명절이 국가무형유산으로 지정됨에 따라, 바쁘게 움직이는 현대사회에서 가족과 지역공동체의 가치를 회복하게 될 것이라고 보고 있습니다.

🔍 관련 기사 헤드라인 모아 보기

▪ 우리나라 5대 명절, 국가무형유산이 되다!

▪ 무형유산 '동지' 세계인 함께 즐긴 팥죽

▪ 설과 대보름·한식·단오·추석·동지 5개 명절, 국가무형유산 신규 지정

▪ 무형문화재 된 설·추석 등 5대 명절 "공동체 가치 회복에 기여하길"

시사 개념 확인하기

명절	해마다 일정하게 지키면서 즐기거나 기념하는 날을 말해요. 우리나라의 대표적인 명절로는 설, 한식, 단오, 추석 등이 있어요.
무형유산	형태가 없는 문화유산을 의미하며, 그 종류로는 연극, 음악, 무용, 공예, 무예, 의식, 놀이 등이 있어요.
절기	1년을 24로 나누어 정한 날들을 뜻해요. 24개 날이 있어서 24절기라고 하고, 계절의 표준으로 삼지요.
인간문화재	무형문화재의 기술을 보유한 사람을 의미해요. 인간문화재는 인류의 문화를 후대에 전하는 중요한 일을 해요.

내용 확인하기

1 시사 개념의 알맞은 설명을 찾아 선으로 이어 보세요.

(1) 무형유산　　　　　　　　　　　　　　⊙ 무형문화재 기술을 보유한 사람.

(2) 절기　　　　　　　　　　　　　　　　ⓒ 형태가 없는 문화유산.

(3) 인간문화재　　　　　　　　　　　　　ⓒ 1년을 24로 나누어 정한 날.

2 이 기사를 이해한 내용으로 맞는 것은 O표, 틀린 것은 ×표 하세요.

(1) 우리 민족의 5개 대표 명절이 국가유형유산으로 지정되었다. (　　)

(2) 그동안 유형유산은 거의 인간문화재 중심으로 지정되어 왔다. (　　)

(3) 무형유산 선정 범위가 공동체 생활 관습으로 확대됐다. (　　)

비판적으로 생각하기

1 무형유산으로 지정된 명절에는 어떤 것들이 있나요?

2 명절이 무형유산이 될 수 있었던 까닭은 무엇일까요?

3 무형유산인 명절을 보존하기 위해 어떻게 해야 할까요?

내용 확인하기 정답　1. (1) ⓒ (2) ⓒ (3) ⊙　2. (1) × (2) × (3) O

문화·예술

7. 달라진 명절 문화

차례상보다 소중한 건,
각자의 방식으로 나누는 따뜻한 마음이에요.

얘들아, 즐거운 명절 보내거라.

이번 명절 음식은 배달로 주문해 봤어.

시사 용어 미리 보기

아래 문장을 읽으면서 모르는 단어에 ○표 하고 기사에서 확인하세요.

1 핵가족화로 인해 명절 문화가 점점 간소화되고 있다.
2 명절 음식 준비가 번거로워 완제품을 구매하는 가정이 늘어나고 있다.
3 윤회 사상과 유교 문화의 영향으로 조상을 기리는 명절 풍습이 이어지고 있다.

◈ 서사원 신문   월   일

명절 풍경이 바뀌고 있어요!

　명절에 차례를 **간소화**하거나 아예 지내지 않는 분위기가 확산되고 있습니다. **핵가족화**와 고물가, 간소화된 차례 문화 등이 영향을 끼쳐 저렴하고 간편한 음식을 선호하는 경향이 뚜렷해지고 있는 것입니다. 명절 음식에 대한 부담도 많이 줄었습니다. 명절 음식을 집에서 만들더라도 차례상에 올리기 위해 많은 양을 준비하는 대신, 당일에 식사할 수 있을 정도로 알맞게 만드는 경우가 많아지고 있습니다. 또한 전, 떡, 반찬 위주의 완제품 구매량도 늘고 있습니다. 간단히 데우거나 살짝 굽기만 하면 되니 편리하고 직접 준비하는 것보다 저렴하기 때문입니다.

　한 설문조사에 따르면, 명절상을 간소화하는 이유로는 가사노동 부담을 덜기 위해서라는 답변이 가장 많았습니다. 고물가 영향으로 재료비 부담이 커서, 직접 만드는 것보다 빠르고 경제적이어서라는 답변도 있었습니다.

　전문가들은 달라진 명절 분위기가 앞으로도 지속될 가능성이 크다고 말했습니다. 과거에는 죽은 후의 세계를 믿는 **윤회 사상**과 어른 공경과 예의를 중시하는 **유교 문화**가 제사 문화를 이끌어왔으나, 코로나19로 인한 단체 모임 금지와 고물가, 편리성 중심의 분위기로 인해 명절 문화가 바뀐 것이라고 말합니다.

　명절을 단순히 연휴로 보는 인식도 늘어나고 있습니다. 명절을 맞이해 해외여행을 떠나거나 단기 알바를 하겠다는 사람들이 많아졌습니다. 전통적으로 명절은 친척들을 만나며 확대가족의 의미를 확인하는 시간이었지만 이제는 바뀌고 있는 것입니다. 모두가 명절의 의미를 생각해 보는 시간이 필요한 것으로 보입니다.

🔍 관련 기사 헤드라인 모아 보기

▸ "아이들 웃음소리 그리워"
　재롱 잔치 사라진 설 명절

▸ 차례 줄이고, 명절 음식은 기념으로…
　달라진 설날 문화

▸ 명절 간소화는 시대적 흐름

▸ 실속 VS 프리미엄
　명절 손 덜어주는 간편식도 양극화 뚜렷

 **시사 개념 확인하기**

간소화	간략하고 소박하게 되는 것을 뜻해요.
핵가족화	부부와 미혼의 자녀만으로 이루어진 가족을 핵가족이라고 하지요. 핵가족 비율이 늘어나는 현상을 핵가족화라고 말해요.
윤회 사상	불교 사상 중 하나로, 생명이 있는 것은 죽더라도 다시 태어나 생이 반복된다고 믿는 생각이에요. 윤회 사상에 따르면 제사는 아주 의미있는 관습이지요.
유교 문화	중국 공자의 유교 사상을 바탕으로 한 생활 방식과 사회 질서예요. 어른을 공경하고 예의를 중요하게 여기며, 가족과 사회 공동체의 유대 관계를 강조해요.

 **내용 확인하기**

1 시사 개념의 알맞은 설명을 찾아 선으로 이어 보세요.

(1) 간소화 •　　　　　　　　• ㉠ 유교 사상에 따라 공동체 유대 관계를 강조하는 문화.

(2) 핵가족화 •　　　　　　　　• ㉡ 핵가족이 늘어나는 현상.

(3) 유교 문화 •　　　　　　　　• ㉢ 간단하고 소박하게 되는 것.

2 빈칸에 알맞은 말을 채워 이 기사를 요약해 보세요.

> **보기** 간소화, 유교 문화, 고물가, 완제품

명절이 _____ 되고 있다. 차례의 규모도 줄여서 _____ 을/를 사는 등 음식 준비에 대한 부담도 줄었다. 핵가족화와 _____, 그리고 편리성 중심의 분위기 때문이다.

비판적 생각하기

1 명절이 왜 간소화되고 있는 걸까요?
2 명절의 간소화로 인해 생긴 일에는 어떤 것들이 있을까요?
3 명절의 간소화로 사라져가는 문화는 무엇일까요?

내용 확인하기 정답 1. (1) ㉢ (2) ㉡ (3) ㉠ 2. 간소화, 완제품, 고물가

문화·예술

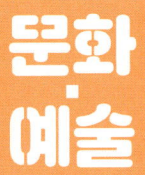

8. 오버투어리즘 실태

아름다운 풍경 뒤에는 누군가의 삶의 터전이 있어요.

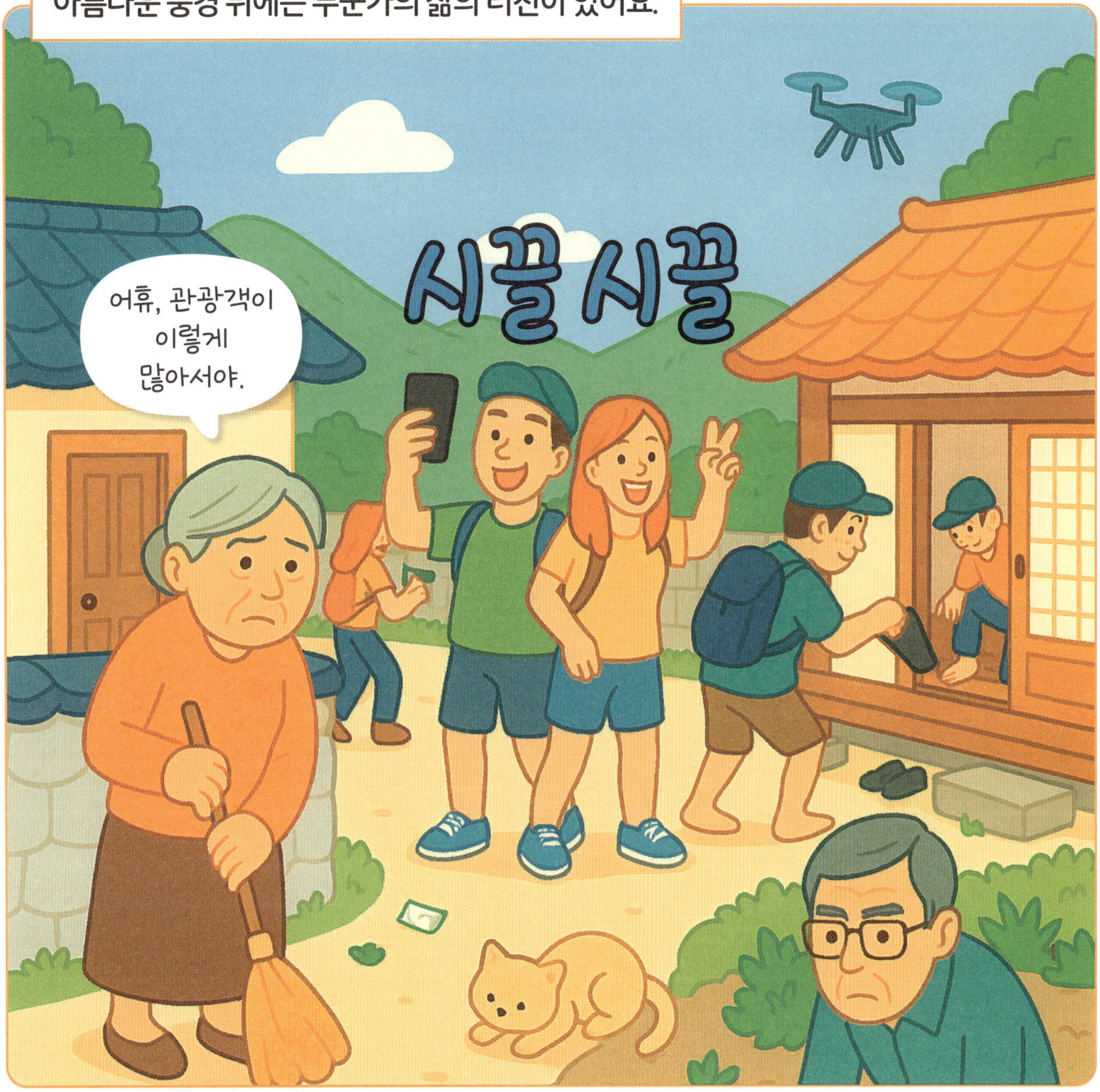

어휴, 관광객이 이렇게 많아서야.
시끌시끌

NEWS 시사 용어 미리 보기

아래 문장을 읽으면서 모르는 단어에 ○표 하고 기사에서 확인하세요.

1 오버투어리즘 때문에 명소 주변의 숙박 시설이 부족해지고 있다.

2 관광객들의 무단 투기로 관광지 환경이 훼손되고 있다.

3 오버투어리즘 문제를 해결하기 위해 관광지 방문 인원을 제한하기도 한다.

◈ 서사원 신문

주민들의 아우성 '오버투어리즘'

관광객이 너무 많아져 생기는 **오버투어리즘** 현상 때문에 전 세계 유명 관광지들이 몸살을 앓고 있습니다. 이에 대한 해결책으로 이탈리아 베네치아에서는 관광객에게 입장료를 부과하기로 했습니다. 숙박시설에 하루 이상 머무르지 않는 관광객은 약 7,000원에 해당하는 도시 입장료를 내야 합니다. 미국 하와이도 관광객 한 명당 약 33,000원을 부과할 거라고 발표했습니다.

우리나라에서도 오버투어리즘을 해결하기 위한 다양한 시도를 거듭하고 있습니다. 특히 서울의 관광 **명소**인 북촌 한옥마을은 오버투어리즘으로 심각한 문제를 겪고 있습니다. 이곳은 관광객들로 인한 민원이 끊이지 않는다고 합니다. 소음 공해, 쓰레기 **무단 투기**, 불법 사진 촬영, 무단 침입 등 다양한 문제가 발생하고 있습니다.

이 때문에 관광지를 특별 관리 지역으로 지정하고, 금지된 행위를 하면 **과태료**를 부과하기로 했습니다. 하지만 이러한 제도가 오버투어리즘을 해결하는 데 실제로 도움이 되는지에 대한 의문이 제기되고 있습니다. 2018년에 서울시는 북촌 한옥마을에 관광 허용 시간제를 도입했지만, 법적 규정이 아니어서 큰 효과를 보지 못했습니다. 관광 금지 시간에 관광객이 돌아다녀도 법적으로 제지할 방법이 없기 때문입니다. 관광객과 주민을 구분하는 것도 쉽지 않습니다. 친척이나 지인을 만나려고 방문한 사람들까지 불편을 겪을 수 있기 때문입니다.

그래서 2020년 관광진흥법에 관련 법적 근거가 신설되었습니다. 특별 관리 지역에는 관광객 방문 시간 제한, 이용료 징수, 차량 관광객 통행 제한 등의 조치를 취할 수 있게 되었습니다. 이제는 규정을 위반한 관광객에게 과태료를 부과할 수 있게 된 것입니다.

관련 기사 헤드라인 모아 보기

- 세계 명소 오버투어리즘 몸살 "관광객 이제 그만"
- "오사카 여행 비싸진다" 관광세 도입 추진
- 오버투어리즘 몸살 앓는 유럽, 보존과 배려가 해답
- 손님이 아니라 손놈 오버투어리즘 몸살에 빗장 거는 그들

 **시사 개념 확인하기**

오버투어리즘	관광객이 너무 많아져 지역 주민들과 갈등을 일으키는 현상을 의미해요.
명소	널리 알려진 장소를 뜻해요. 자연과 건물 등이 가치 있어 사람들의 방문이 많지요.
무단 투기	지정된 장소가 아닌 곳에 허락 없이 쓰레기 등을 버리는 행동을 말해요.
과태료	벌로 내야 하는 돈을 의미해요. 법적으로 정해진 행동을 지키지 않을 때 내게 되지요.

 **내용 확인하기**

1 초성을 참고하여 문장에 들어갈 알맞은 시사 용어를 써 보세요.

(1) 관광객들이 너무 많은 현상을 ㅇㅂㅌㅇㄹㅈ (이)라고 한다.

(2) ㅁㅅ 은/는 널리 알려진 유명한 장소를 말한다.

(3) 법령을 위반한 사람은 그 벌로 ㄱㅌㄹ 을/를 내야 한다.

2 괄호 안에 들어갈 알맞은 말을 골라 이 기사를 요약해 보세요.

> 전 세계 관광명소가 오버투어리즘 때문에 (토양 오염/소음 공해), 쓰레기 (무단 투기/분리 수거) 등 몸살을 앓고 있다. 그 대안으로 이탈리아 베니치아, 미국 하와이 등에서는 관광객에게 (쿠폰/입장료)을/를 받고 있다.

비판적으로 생각하기

1 오버투어리즘의 문제점은 무엇일까요?
2 관광 허용 시간제의 효과가 없었던 이유는 무엇일까요?
3 특별 관리 지역에 대한 법적 근거가 만들어지면 어떤 점이 좋을까요?

내용 확인하기 정답 1. (1) 오버투어리즘 (2) 명소 (3) 과태료 2. 소음 공해, 무단 투기, 입장료

문화예술
9. 먹방이 왜 문제인가요?

자극만을 추구하는 먹방, 시청하는 아이들의 식습관은 나빠지고 있어요.

📰 시사 용어 미리 보기

아래 문장을 읽으면서 모르는 단어에 ○표 하고 기사에서 확인하세요.

1 먹방 콘텐츠가 인기를 끌면서 혼밥 문화도 확산되고 있다.
2 맵부심을 부리며 매운 음식을 자주 먹으면 소화기관에 무리가 갈 수 있다.
3 세계보건기구는 자극적인 음식 섭취를 주의하라고 권고했다.

◈ 서사원 신문   월   일

먹방 중독?
어린이 식습관 빨간 불

'먹방'은 먹는다는 뜻의 '먹'과 방송의 '방'을 합친 신조어입니다. 먹방은 음식을 먹는 과정을 시청자에게 보여주는 콘텐츠를 뜻하는데, 주로 많은 양의 음식이나 독특한 음식을 먹는 장면이 등장합니다. 유튜브에서 먹방은 많은 사람들이 즐기는 콘텐츠로 자리잡았습니다.

사람들은 왜 먹방을 볼까요? '혼밥'을 하는 사람들이 다른 사람의 먹방을 보면서 식사를 하기도 하고, 다이어트 중에 먹방을 보며 식욕을 누르기도 합니다. 먹방은 여러 가지 이유로 사람들에게 즐거움을 주고 있습니다.

하지만 먹방 시청이 건강에 미치는 악영향도 우려됩니다. 먹방에서는 과식을 즐거움으로 표현하는 경우가 많아 잘못된 식습관을 전파할 수 있기 때문입니다. 먹방을 시청한 학생 중 38.6%가 식습관에 영향을 받았다는 조사 결과가 있습니다.

최근 어른들의 '맵부심' 아이콘이었던 마라탕이 초등학생 사이에서도 인기를 끌고 있습니다. 많은 유튜버들이 마라탕 먹방 콘텐츠도 만들었습니다. 마라탕에 들어가는 다양한 종류의 향신료는 소화기관을 자극하고, 지속적으로 섭취하면 설사나 위염 등 각종 건강 문제를 일으킬 수 있습니다. 마라탕의 나트륨 함량은 세계보건기구(WHO)가 권장하는 하루 나트륨 섭취량을 넘어선다고 합니다.

따라서 청소년이 먹방을 시청하는 시간과 내용을 제한하거나, 먹방 콘텐츠에서 다루는 음식에 대한 영양 교육을 실시하는 등의 대책이 필요합니다. 영양 교육을 통해 자극적인 음식을 많이 섭취하면 건강에 해롭다는 사실을 알려주는 것이, 먹방으로 인한 나쁜 식습관을 개선하는 데 도움이 될 것입니다.

🔍 관련 기사 헤드라인 모아 보기

▸ 먹방 보며 대리 만족?
  시청 늘수록 비만 위험↑

▸ 먹방이 비만 초래? 사실이었다!
  청소년 시청 금지 나온 이유

▸ 폭식 부추기는 먹방과 쿡방 차단,
  다이어트 성공 돕는다

▸ 먹방 그대로 따라 하면 안 되는 이유

먹방	출연자들이 음식을 먹는 모습을 보여주는 방송을 의미해요.
혼밥	혼자서 먹는 밥을 뜻해요.
맵부심	'맵다'와 '자부심'을 합친 신조어예요. 매운 것을 잘 먹는 것을 자랑으로 내세울 때 하는 말이지요.
세계보건기구 (WHO)	보건, 건강 분야의 국제적인 협력을 위하여 만들어진 유엔 전문 기구예요.

1 시사 개념의 설명으로 알맞은 것에 ○표 하세요.

(1) **먹방** | ㉠ 음식을 광고하는 방송. | ㉡ 먹는 방송의 줄임말.

(2) **혼밥** | ㉠ 결혼해서 먹는 밥. | ㉡ 혼자서 먹는 밥.

(3) **세계보건 기구(WHO)** | ㉠ 보건 분야의 유엔 전문 기구. | ㉡ 세계 평화를 위한 유엔 전문 기구.

2 괄호 안에 들어갈 알맞은 말을 골라 이 기사를 요약해 보세요.

> (먹방/음방)은 음식을 먹는 과정을 담은 콘텐츠를 말한다. 어린이들이 (눈부심/맵부심)으로 맵고 짠 음식을 따라 섭취하여 (소화기관/호흡기관) 건강이 나빠질 수 있다. 그리고 (소식/과식)을 즐거움으로 표현해 올바른 식습관 형성에 악영향을 끼치고 있다.

비판적으로 생각하기

1 먹방을 보는 이유는 무엇일까요?
2 먹방 중독이 가져오는 문제점에는 어떤 것이 있을까요?
3 먹방으로 인한 피해를 줄이기 위해 어떻게 해야 할까요?

내용 확인하기 정답 1. (1) ㉡ (2) ㉡ (3) ㉠ 2. 먹방, 맵부심, 소화기관, 과식

10. 광화문 월대가 복원됐어요

광화문 월대는 왕과 백성이 소통하던 조선의 역사 공간이에요.
온전한 모습으로 돌아온 광화문 월대를 생생하게 느껴 보세요.

시사 용어 미리 보기

아래 문장을 읽으면서 모르는 단어에 ○표 하고 기사에서 확인하세요.

1 광화문 월대는 조선총독부 시기에 훼철되었지만, 현재 복원되었다.
2 조선왕조실록에는 광화문 월대에서 무과 시험이 열렸다는 기록이 남아 있다.
3 조선부업공진회가 열리던 시기에도 전통 문화재들은 훼철과 변형의 위기를 겪었다.

◈ 서사원 신문

월　　일

100년 만에 복원된 역사적 상징, 광화문 월대

　1923년 일제에 의해 **훼철**되어 사라졌던 광화문 월대가 100년 만에 복원되었습니다. 월대는 궁궐의 중요한 건물 앞에 설치한 일정한 높이의 단상으로, 각종 행사나 의식이 열리는 무대 역할을 했습니다. 조선 시대에는 왕과 백성이 소통하는 중요한 공간으로 사용되었습니다. 광화문 앞에 시원하게 펼쳐진 월대는 경복궁 담장과 잘 어우러져, 조선의 제1 궁궐 정문다운 모습을 되찾았습니다.

　조선왕조실록에 따르면 중종은 이곳에서 무과 시험을 지켜보았고, 1539년, 중종은 궁을 나와 광화문 월대 공간에서 열린 산대놀이를 한참이나 구경했다고 합니다. 또한 영조는 1744년에 백성들이 왕에게 올리는 문서인 상언을 광화문에서 받도록 명하기도 했습니다. 1891년, 고종 때는 왕세자가 쌀을 주는 행사를 개최하기도 했습니다.

　하지만 1910년부터 일제가 우리 역사의 맥을 끊고 식민지로서의 상징을 세우기 위해 경복궁을 훼철하기 시작했습니다. 광화문 월대를 포함한 90% 이상의 건축물을 헐어내고 **조선총독부** 건물을 조선 왕의 정치 공간이었던 근정전 바로 앞에 지었습니다. 1923년에는 경복궁에서 **조선부업공진회**를 열기 위해 광화문 앞에 전차선로를 설치하면서 월대가 훼손되었습니다.

　궁궐의 정문에 난간석과 기단을 쌓은 경우는 광화문 월대가 유일합니다. 문화재청은 2006년부터 광화문 월대를 복원하는 사업을 진행해 왔습니다. 2023년, 월대 복원이 완료되면서 광화문이 비로소 원래의 모습을 되찾았습니다.

🔍 관련 기사 헤드라인 모아 보기

▌100년 만에 되찾은 광화문 월대는
　소통의 공간이었다

▌왕의 길이자 소통 공간 '월대'
　복원된 광화문의 역사 속으로

▌광화문 월대·현판 복원
　대표 문화유산 완성

▌옛 모습 찾은 광화문 월대·현판 복원,
　경복궁 K관광 랜드마크

 시사 개념 확인하기

훼철	건물을 헐어서 치워버리는 행동을 의미해요. 일제강점기에 우리나라의 가치 있는 건물들이 훼철되는 수난을 겪었어요.
조선왕조실록	조선 태조에서 철종까지 472년 동안의 역사적 사실을 각 왕별로 기록한 역사책이에요. 우리나라 국보로, 유네스코 세계기록유산으로도 지정되었지요.
조선총독부	일제강점기에 일본 제국이 한반도 통치를 위해 운영했던 기관이에요.
조선부업공진회	일제강점기, 조선총독부가 조선인의 부업을 장려하자는 이유로 개최된 행사예요. 원래의 일 외에 농가 일도 같이 하기를 강조했어요.

 내용 확인하기

1 시사 개념의 설명으로 알맞은 것에 O표 하세요.

(1) **훼철** | ㉠ 건물을 헐어서 치워버리는 행동. | ㉡ 훼손된 것을 원래대로 되돌리는 행동.

(2) **조선왕조실록** | ㉠ 조선 임금들의 일기. | ㉡ 조선 왕조 역사서.

(3) **조선총독부** | ㉠ 일제강점기 일본의 통치기구. | ㉡ 일제강점기 독립운동기구.

2 이 기사를 이해한 내용으로 맞는 것은 O표, 틀린 것은 ×표 하세요.

(1) 광화문 월대가 100년 만에 복원되었다. (   )

(2) 1923년 일제에 의해 훼철된 광화문 월대의 복원은 역사, 문화적으로 큰 의미가 있다. (   )

(3) 광화문 월대는 오로지 왕만이 드나들 수 있는 공간이었다. (   )

 비판적으로 생각하기

1 월대는 어떤 곳인가요?
2 광화문 월대는 왜 훼철되었나요?
3 가치 있는 문화재를 보존하기 위해 어떻게 해야 할까요?

내용 확인하기 정답 1. (1) ㉠ (2) ㉡ (3) ㉠ 2. (1) O (2) O (3) ×

5

역사·경제

우리의 역사를 아는 일은 현재를 이해하는 데 도움이 될 뿐 아니라, 더 나은 미래로 나아갈 수 있는 토대가 되기도 해요. 경제도 마찬가지예요. 사람들이 어떻게 돈을 벌고 쓰는지, 시장 경제 원리를 이해하고 올바른 경제생활을 해 나가야 하지요. 과거와 현재를 알아야 미래도 있는 법! 역사와 경제를 공부하고 더 나은 미래를 꿈꿔 보아요.

시사 개념 한눈에 보기

1	일본 초등 교과서 역사 왜곡	역사 왜곡, 강제 징용, 징병, 위안부, 배타적 경제 수역
2	전쟁을 멈추세요!	난민, 러시아-우크라이나 침공, 내전, 기아
3	태극기에 담긴 독립 열망	보물, 대한제국, 김구, 항일 정신
4	11월 21일, 독도에서 생긴 일	독도대첩, 우산국, 실효 지배, 독도의용수비대, 의병
5	제주 4·3 사건을 기억해요	제주 4·3 사건, 군사 재판, 파업, 계엄령
6	딥테크가 뭔가요?	딥테크, 스타트업, 초기 비용, 취업난
7	최저 임금제의 현실	최저 임금제, 근로자, 물가 상승률, 인하, 도급 근로자
8	쌀 소비량이 줄고 있어요	영농 기술, 기계화율, 과잉, 감산 정책, 부분 휴경
9	광물 수입 의존도 문제	첨단 산업, 광물, 공급망, 수입 의존도
10	펫코노미 시장 열풍	반려동물, 펫코노미, 펫펨족, 펫테크

1. 일본 초등 교과서 역사 왜곡

왜곡된 역사 교과서는 일본 청소년들에게 잘못된 역사 인식을 심어주고 있어요.

쓱쓱

📰 시사 용어 미리 보기

아래 문장을 읽으면서 모르는 단어에 ○표 하고 기사에서 확인하세요.

1 역사 왜곡은 강제 징용과 위안부 문제에 대한 잘못된 인식을 퍼뜨릴 수 있다.
2 배타적 경제 수역과 영해 문제는 국제적으로 중요한 분쟁 대상이다.
3 임진왜란은 한국 역사에서 중요한 전쟁이다.

◈ 서사원 신문   월   일

초등학생 때부터 역사 왜곡 교육? 일본 교과서 논란

2024년부터 사용할 일본 초등학교 사회 교과서가 **역사 왜곡** 문제로 큰 논란이 되고 있습니다. 먼저 **강제 징용**과 **징병**에 관한 문제가 있습니다. 일본 교과서에서 '조선인 남성은 일본군의 병사로서 징병됐다'는 표현을 '조선인 남성은 일본군에 병사로 참가하게 되고, 후에 징병제가 취해졌다.'로 바꾸었습니다. 또, 관련한 사진에 대한 설명을 '병사가 된 조선의 젊은이들'에서 '지원해서 병사가 된 조선의 젊은이들'로 바꾸었습니다. '다수의 조선인과 중국인이 강제적으로 끌려왔다.'에서 '끌려왔다'를 '동원됐다'로 바꾸기도 했습니다. 이렇게 바뀐 내용은 사람들을 강제로 데려간 사실을 부정하는 것입니다.

또, **위안부**에 관한 내용을 역사 교과서에서 아예 빼버렸습니다. 심지어 일본 초등학교 교과서에서는 예전부터 위안부를 다루지 않았다고 합니다. 독도와 관련한 문제도 있습니다. '다케시마가 우리나라(일본) 고유의 영토이며, 다케시마가 70년 정도 전부터 대한민국에 의해 불법으로 점거돼 있어 항의하고 있다는 것'을 강조했다고 합니다. 그리고 '다케시마'를 '일본의 고유 영토'라고 고쳤습니다. 그리고 일본 지도에 **배타적 경제 수역**과 바다 이름을 추가로 표시해 독도가 일본 영토인 것처럼 보이게 했습니다. 이밖에도 일본 사회 교과서에서 한국이 일본에 미친 영향을 축소하고, 임진왜란 당시 조선이 입은 피해에 관한 내용도 뺐다고 합니다.

이렇게 왜곡된 역사 교과서로 일본 학생들이 공부한다면 어떤 일이 생길까요? 잘못된 역사 인식 때문에 두 나라 사이에 문제가 생길 수 있고, 미래 세대의 상호 이해와 협력에도 악영향을 끼칠 수 있습니다.

🔍 관련 기사 헤드라인 모아 보기

▸ 한국이 독도 불법 점거
  日교과서, 역사 왜곡 심화

▸ 일본 교과서, '종군위안부' 표현 사라져

▸ "독도는 일본 땅"
  일본 초등학교 교과서에 드러난 역사 왜곡

▸ 일본 역사 왜곡 더 심해져
  초등 교과서 조선인 '징병' 강제성 흐렸다

 시사 개념 확인하기

역사 왜곡	역사적 내용을 자신들에게 유리하게 거짓으로 다시 지어 쓰는 일을 뜻해요.
강제 징용, 징병	일제강점기에 조선 사람을 강제로 데려가 일하게 한 것을 강제 징용이라고 하고, 병사를 끌고 간 것을 징병이라고 해요.
위안부	일제강점기 때 일본 군인들의 성노예로 끌려가 고통을 겪은 여성들을 말해요. 위안부들은 인권을 심하게 침해당했어요.
배타적 경제 수역	연안으로부터 200해리 수역 안에 들어가는 바다예요. 이곳의 어업, 자원에 대한 권리를 연안국이 독점하게 되어 있는데, 우리나라, 일본, 중국의 배타적 경제 수역이 겹치는 곳이 있어요.

 내용 확인하기

1 초성을 참고하여 문장에 들어갈 알맞은 시사 용어를 써 보세요.

(1) ㅇㅅ ㅇㄱ 은/는 역사적 내용을 거짓으로 지어 쓰는 일을 말한다.

(2) 사람을 강제로 데려가 일하게 하는 것을 ㄱㅈ ㅈㅇ (이)라고 한다.

(3) 연안으로부터 200해리 수역 안에 들어가는 바다를 ㅂㅌㅈ ㄱㅈ ㅅㅇ (이)라고 한다.

2 빈칸에 알맞은 말을 채워 이 기사를 요약해 보세요.

보기 독도, 위안부, 역사 왜곡, 강제 징용, 중국

> 일본 초등학교 교과서가 _____ 문제로 또다시 논란이 되고 있다. _____ 와/과 관련하여 강제로 끌려간 사실을 부정했고, _____ 에 관한 내용은 아예 사라졌다. 그뿐 아니라, _____ 을/를 일본 고유영토라고 표기했다.

비판적으로 생각하기

1 역사 왜곡을 하는 이유는 무엇일까요?
2 초등 교과서 역사 왜곡은 어떤 문제를 일으킬까요?
3 일본의 역사 왜곡에 대하여 우리는 어떻게 대처해야 할까요?

내용 확인하기 정답 1. (1) 역사 왜곡 (2) 강제 징용 (3) 배타적경제수역 2. 역사 왜곡, 강제 징용, 위안부, 독도

역사 경제

2. 전쟁을 멈추세요!

전쟁이 계속되는 한, 난민은 줄어들지 않을 거예요. 많은 아이들이 죽거나 다치고 학교에 가지 못하지요. 전쟁을 계속 해도 괜찮은 걸까요?

시사 용어 미리 보기

아래 문장을 읽으면서 모르는 단어에 ○표 하고 기사에서 확인하세요.

1 러시아-우크라이나 침공으로 600만 명 이상의 난민이 발생했다.
2 난민 중에는 미성년자들이 많고, 이들은 영양실조의 위기에 처해 있다.
3 전쟁이 오래 지속되면 엄청난 경제적 손실과 인명 피해가 발생한다.

◈ 서사원 신문   월   일

총성 뒤에는 눈물뿐 전쟁 난민의 현실

　국제 사회의 **난민** 문제가 날로 심각해지고 있습니다. 난민은 전쟁, 기후변화, 폭력 등으로 원래 살던 땅을 떠나게 된 사람들을 말합니다. 현재 전 세계 난민은 1억 명을 넘었습니다. 난민 수가 계속 늘어나는 데에는 **러시아의 우크라이나 침공**과 아프리카 **내전**이 큰 영향을 미쳤습니다.

　난민 중에는 아이들도 많습니다. 매년 평균 35만 명에서 40만 명의 아이들이 난민으로 태어나고 있습니다. 난민 아이들은 물자가 부족하고 사회 시스템이 제대로 작동하지 않는 환경에서 자라고 있습니다. 영양실조에 시달리며 교육을 받을 기회를 잃게 되어 자립하기 어려워질 위험이 큽니다.

　유엔 통계에 따르면 2019년부터 2022년까지 전 세계의 분쟁 지역에서 사망한 어린이는 약 1만 2,193명이라고 합니다. 2022년 이후 우크라이나 전쟁에서는 최소 600명의 어린이가 사망했습니다. 또한 우크라이나 전쟁이 길어지면서 직접 다치지는 않았더라도 정신 건강에 악영향을 받은 어린이와 청소년이 많다고 합니다.

　가자 전쟁에서는 최소 1만 3,000명의 어린이가 사망했습니다, 콩고민주공화국에서는 2년간의 내전으로 최소 50만 명의 어린이가 난민이 되었습니다. 아프가니스탄은 2021년 탈레반 장악 이후 국제 사회 지원이 끊기고, 가뭄에 시달려 2024년에는 어린이 약 780만 명이 **기아** 위기에 처했다고 합니다. 이제는 더 이상의 희생을 멈추고 평화를 위해 노력해야 할 때입니다.

🔍 관련 기사 헤드라인 모아 보기

- 이스라엘, 가자 인도주의 구역 공격 최소 70명 사망
- 끝없는 수단 내전 1100만명 피란… 국제 사회 무관심에 절망
- 난민 수 사상 최대, 힘의 논리 아닌 진정한 평화 요구 높아
- 아프리카 난민, 사막에서 두 배 이상 사망… 난민 '죽음의 길' 보고서

 **시사 개념 확인하기**

난민	전쟁이나 재난으로 곤경에 빠진 사람을 의미해요. 나라로부터 보호를 받을 수 없기 때문에 생활이 무척 힘들어요.
러시아-우크라이나 침공	2022년 2월, 러시아가 우크라이나 수도를 침범하여 공격했어요. 여러 해 이어져서 수많은 난민이 발생했어요.
내전	한 나라 안에서 일어나는 싸움을 말해요. 권력을 획득하기 위해 두 집단끼리 무력 투쟁을 하는 것이지요.
기아	식량 부족이나 경제적 문제로 굶주리는 상태를 의미해요.

 **내용 확인하기**

1 시사 개념의 알맞은 설명을 찾아 선으로 이어 보세요.

(1) 기아 •   • ㉠ 식량 부족 등으로 굶주리는 상태.

(2) 내전 •   • ㉡ 전쟁이나 재난으로 곤경에 빠진 국민.

(3) 난민 •   • ㉢ 한 나라 안에서 일어나는 싸움.

2 빈칸에 알맞은 말을 채워 이 기사를 요약해 보세요.

> 보기 난민, 유엔, 내전, 기아

전쟁이나 기후 위기 등으로 전 세계 _____ 문제가 매우 심각하다. 난민의 수는 갈수록 증가하고 있으며, 이는 러시아-우크라이나 전쟁과 아프리카 _____ 의 영향이 크다. 난민 중 미성년자의 수가 상당하며 _____ 위기에 노출되어 있다.

비판적으로 생각하기

1 난민은 왜 늘고 있을까요?

2 난민에게는 어떤 어려움이 있을까요?

3 난민 문제를 해결하기 위해 어떻게 해야 할까요?

내용 확인하기 정답 1. (1) ㉠ (2) ㉢ (3) ㉡ 2. 난민, 내전, 기아

역사 경제

3. 태극기에 담긴 독립 열망

보물로 지정된 특별한 태극기가 있다는 사실, 알고 있나요?
여기에는 우리 민족의 독립을 향한 간절한 마음이 담겨 있어요.

나도 태극기를 소중히 다뤄야겠어.

📰 시사 용어 미리 보기

아래 문장을 읽으면서 모르는 단어에 ○표 하고 기사에서 확인하세요.

1 일제강점기 독립에 대한 열망을 담은 태극기 3점이 보물로 지정되었다.
2 진관사 태극기는 일장기 위에 그린 태극기이다.
3 데니 태극기는 현존 태극기 중에 가장 오래됐다.

◈ 서사원 신문   월   일

태극기 휘날리며!

　태극기는 우리나라를 대표하는 국가 상징물입니다. 1883년에 국기로 채택됐고, 일제 강점기에는 독립운동의 상징이자 희망으로 여겨졌습니다. 국가등록문화재로 지정된 태극기 중 3점은 **보물**로 지정되었습니다. 보물이 된 태극기 3점은 데니 태극기, 김구 서명문 태극기, 서울 진관사 태극기입니다. 혹독한 시련 속에서도 독립에 대한 열망을 지켜내려는 우리 민족의 간절한 염원이 담겨 있는 보물입니다.

　데니 태극기는 고종이 1890년쯤 미국 외교관에게 하사한 선물입니다. 남아있는 태극기 가운데 가장 오래됐고, 옛 태극기 가운데 크기도 가장 큽니다. 바탕천을 오려내고 다른 천으로 박음질해 멀리서도 문양이 또렷하게 보이도록 만들었다고 합니다. 데니 태극기는 **대한제국**이 독립국임을 세계에 알리려 한 외교적 노력을 증명하는 유물입니다.

　김구 서명문 태극기는 1941년 대한민국 임시 정부 **김구** 주석이 벨기에 신부에게 전달한 것으로, 도산 안창호 선생의 유품이 되어 한국으로 돌아왔습니다. 태극기에는 김구 주석이 친필로 쓴, 독립을 열망하는 글이 적혀 있습니다. 그는 이 글을 미국에서 만나는 한국 동포들에게 보여줄 것을 당부했다고 합니다.

　진관사 태극기는 1919년 3·1운동 무렵 만들어진 것으로 보입니다. 일장기 위에 덧씌워 만든 태극기로, 강한 **항일 정신**이 담겨 있습니다. 2009년 진관사의 부속 건물인 칠성각을 복원하는 과정에서 발견됐습니다. 이 태극기는 1919년에 제작된 실물이라는 점에서 중요한 의미를 지니고 있습니다. 또, 일장기 위에 그려진 가장 오래된 태극기라는 점에서 높이 평가받고 있습니다.

🔍 관련 기사 헤드라인 모아 보기

▸ 항일 독립 의지 품은 태극기 3점, 보물로

▸ 독립기념관, 보물 김구 서명문 태극기 공개… 199점 전시

▸ 90년간 숨겨져 있던 '진관사 태극기'를 아시나요

▸ '데니·김구 서명문' 등 독립 의지 보여준 태극기 보물된다

 **시사 개념 확인하기**

보물	국가에서 지정하여 보호하는 귀중한 문화유산이에요. 특별히 가치가 크고 유례가 드문 것은 국보로 지정하지요.
대한제국	조선 말기 고종 34년(1897)에 새로 정한 우리나라의 이름이에요. 왕을 황제라 하고 강한 나라를 만들기 위해 노력했지만 1910년 일본에게 국권을 빼앗기고 말았어요.
김구	일제강점기 때 임시 정부 주석을 맡았으며, 한인애국단을 조직해 이봉창과 윤봉길의 의거를 주도했어요. 신민회, 한국광복군 등에서 활동한 정치인이자 독립운동가예요.
항일 정신	일본 제국주의에 맞서 싸우는 정신을 뜻해요.

 내용 확인하기

1 시사 개념의 알맞은 설명을 찾아 선으로 이어 보세요.

(1) 대한제국 •　　　　　　　• ㉠ 일제강점기 임시 정부 주석을 맡은 독립운동가.

(2) 항일 정신 •　　　　　　　• ㉡ 일본에 대항하는 정신.

(3) 김구 •　　　　　　　• ㉢ 조선 말기 황제 국가를 선포하며 만들어진 나라.

2 괄호 안에 들어갈 알맞은 말을 골라 이 기사를 요약해 보세요.

> (무형문화재/국가등록문화재)로 지정된 태극기 중 3점이 (보물/세계유산)이 되었다. 그중 고종이 외교관에게 하사한 데니 태극기는 (대한제국/조선)이 독립국임을 알리려는 외교적 노력을 보여 준다는 점에서 가치가 높다.

 비판적으로 생각하기

1 태극기에는 어떤 가치가 있나요?
2 태극기 3점이 보물로 지정되었는데, 그 이유는 무엇일까요?
3 문화재로 등록된 태극기를 어떻게 보존해야 할까요?

내용 확인하기 정답　1. (1) ㉢ (2) ㉡ (3) ㉠　2. 국가등록문화재, 보물, 대한제국

4. 11월 21일, 독도에서 생긴 일

독도를 지키기 위해 자발적으로 나선 시민들을 생각하며 감사하는 마음을 가져 보아요.

시사 용어 미리 보기

아래 문장을 읽으면서 모르는 단어에 ○표 하고 기사에서 확인하세요.

1 독도대첩은 우산국의 실효 지배를 인정받기 위한 중요한 전투였다.
2 독도의용수비대는 의병처럼 독도를 지키기 위해 싸운 용감한 사람들이다.
3 일본은 독도를 일본의 고유한 영토 '다케시마'라고 주장한다.

◈ 서사원 신문

월   일

독도대첩의 용기를 다시 새기다

매년 6월과 11월이 되면 울릉도에서는 독도 수호 정신을 기념하는 큰 행사가 열립니다. 6월은 보훈의 달, 11월은 **독도대첩**이 있었던 달로, 독도를 지키기 위해 이어졌던 노력을 두 달 동안 되새길 수 있습니다.

독도는 우리나라의 가장 동쪽에 위치한 섬으로, 대한민국의 영토입니다. 그러나 일본이 독도가 일본의 영토인 '다케시마'라고 주장해서 갈등이 계속되고 있습니다. 고려시대 **우산국**이 편입되었을 때부터 이미 우리나라가 실질적인 **실효 지배**를 해왔음에도 불구하고, 일본은 이를 강제로 점령하려고 했습니다.

1952년 한국 전쟁 중, 일본은 독도에 불법으로 여러 차례 침입해 나무 표지판을 세우고 대한민국의 비석을 뽑아버렸습니다. 이 때문에 울릉도에 살고 있던 청년들이 독도를 지키기 위해 **독도의용수비대**를 결성했습니다.

1954년 11월 21일, 일본 군함 3척이 독도를 점령하려고 쳐들어왔습니다. 독도의용수비대는 부족한 전투력을 이겨내고 일본 함정을 격퇴하는 데 성공했습니다. 그들은 검게 칠한 통나무를 대포처럼 보이게 만들어 일본 함정이 겁먹고 독도에 접근하지 못하게 했습니다.

"이 땅이 뉘 땅인데"라고 외친 독도의용수비대는 독도를 지킨 '최후의 **의병**'으로 불립니다. 33명의 대원들이 일본 해상보안청의 침탈로부터 독도를 지키기 위해 여섯 차례 전투를 벌였습니다. 그중 가장 격렬했고 완벽한 승리를 거둔 11월 21일을 독도대첩이라고 부릅니다. 매년 열리는 독도대첩 기념 행사에서 바로 이 독도의용수비대를 기리는 것입니다.

🔍 관련 기사 헤드라인 모아 보기

▸ 일본 군함과 항공기 침공 물리친
1954년 독도대첩

▸ 아무도 시키지 않은 전쟁,
그들은 왜 독도를 지켰나

▸ '독도의용수비대'라 쓰고
'의병'이라 읽는다

▸ 국토수호 정신
독도의용수비대 33인 기억해야

시사 개념 확인하기

독도대첩	1954년 11월 21일, 독도의용수비대가 일본의 독도 침입을 격퇴한 일을 말해요.
우산국	삼국 시대에 현재의 울릉도와 주변의 작은 섬을 다스리던 나라로, 512년 신라에 의해 멸망했어요.
실효 지배	한 국가가 실제로 그 지역을 차지하고 관리하는 상태를 뜻해요.
독도의용수비대	독도 수비를 위해 결성되어 활동했던 대한민국의 민간 의용대예요. 1953년부터 1956년, 경찰에 수비 업무를 인계할 때까지 33명의 수비대원이 활동하였지요.
의병	나라가 외적의 침입으로 위급할 때 나라를 구하려고 백성 스스로 만든 군사를 말해요.

내용 확인하기

1 초성을 참고하여 문장에 들어갈 알맞은 시사 용어를 써 보세요.

(1) 나라를 구하기 위해 백성이 만든 군사를 ㅇㅂ (이)라 한다.

(2) ㅇㅅㄱ 은/는 과거 울릉도와 주변의 작은 섬을 다스리던 작은 나라다.

(3) ㅅㅎ ㅈㅂ 은/는 영토 분쟁이 있을 때 아주 중요한 근거가 된다.

2 괄호 안에 들어갈 알맞은 말을 골라 이 기사를 요약해 보세요.

> 1952년, 독도를 지키기 위해 (대한독립의용대 / 독도의용수비대)가 만들어졌다. 1954년 11월 21일, 독도를 점령하기 위해 쳐들어 온 일본 함정 세 척을 물리쳤고, 이를 (독도대첩 / 한산대첩)이라 한다. 독도는 대한민국의 실효 지배를 받는 우리나라 (영해 / 영토)이다.

비판적으로 생각하기

1 독도는 왜 우리나라 영토일까요?

2 독도대첩에서 이길 수 있었던 이유는 무엇일까요?

3 독도를 지키기 위해 어떻게 해야 할까요?

내용 확인하기 정답 1. (1) 의병 (2) 우산국 (3) 실효 지배 2. 독도의용수비대, 독도대첩, 영토

5. 제주 4·3 사건을 기억해요

제주 4·3 사건은 한국 현대사에서 한국 전쟁 다음으로 인명 피해가 많은 비극적인 사건이에요. 우리가 반드시 알아야 할 대한민국의 아픈 역사이지요.

시사 용어 미리 보기

아래 문장을 읽으면서 모르는 단어에 ○표 하고 기사에서 확인하세요.

1 제주 4.3 사건 당시 수형인명부에 올라간 많은 사람들이 군사 재판을 받았다.
2 파업을 진압하기 위해 계엄령이 선포되었고, 영장 없이 체포된 사람들이 많았다.
3 수형인명부는 제주 4.3 사건의 잔혹한 역사를 보여주는 중요한 기록이다.

◆ 서사원 신문   월   일

70년 만에 억울함을 풀다

　2024년, **제주 4.3 사건** 피해자들이 무죄를 선고받았습니다. 당시 **군사재판**에서 내란죄 등으로 누명을 쓴 사람들은 2,530명에 달합니다. 그중 상당수가 드디어 억울함을 풀고 명예를 회복할 수 있게 된 것입니다.

　제주 4.3 사건은 1947년부터 1954년까지 이어진 제주도민 학살 사건입니다. 사건의 시작은 1947년 3.1절 기념행사 중, 한 어린이가 경찰이 탄 말에 치였을 때부터였습니다. 경찰이 사과도 없이 그냥 지나가자 군중들은 경찰을 비난했고, 그러자 경찰은 이들에게 총을 쐈습니다. 결국 많은 사상자가 발생했습니다. 많은 제주도민들이 충격에 빠져 **파업**에 동참했습니다. 그러더니 1948년, 제주도 전역에 **계엄령**이 실시되며 국가의 명령으로 집단 학살이 시작되었습니다.

　당시 제주도민의 십분의 일인 2만 5,000명에서 3만 명 정도가 억울하게 목숨을 잃거나 행방불명되었습니다. 또, 많은 사람들이 누명을 쓰고 범죄자로 살게 되었습니다. 재판은 법적 절차에 맞게 이루어지지 않았고 체포 과정에서 영장도 없었으며, 제주 곳곳에서는 학살과 고문이 이어졌습니다. 피해자들은 변호사의 도움도 받지 못했고, 일률적으로 형벌을 받았습니다. 많은 이들이 이유도 모른 채 전국 각지의 형무소로 끌려간 데다가 돌아오지 못한 사람들도 많았습니다. 마침 한국 전쟁까지 발발하면서 집단 총살되거나 행방불명되는 사람들도 생겼습니다. 겨우 제주로 돌아온 일부 사람들은 고문 후유증에 시달리며 괴로워했습니다.

　현재도 제주 곳곳에서 유해가 발굴되고 있지만, 피해자들의 신원은 아직 확인되지 않았습니다. 피해자들의 명예를 회복하기 위해 더 많은 노력과 시간이 필요합니다.

🔍 관련 기사 헤드라인 모아 보기

▸ 제주 4.3 사건
　뒤틀린 가족 관계 회복시킬 근거 마련돼

▸ 폭발물로 숨진 어린이 등
　4.3 희생자·유족 3,240명 추가 결정

▸ 끝이 보이는 제주 4.3 희생자 보상금 지급

▸ 4.3 역사 바로 세우고,
　평화·인권·정의 가치 확산

 **시사 개념 확인하기**

제주 4·3 사건	1947년 3월부터 1954년 9월까지 7년 7개월에 걸쳐 제주도에서 일어난 민간인 학살 사건이에요. 한국 전쟁 다음으로 많은 희생자가 발생했다고 해요.
군사 재판	군사법원에서 군법을 어긴 범죄자에 대하여 유죄 여부와 형량을 선고하는 형사 재판이에요.
파업	노동자들이 자신들의 권리를 실현시키기 위해 집단적으로 생산 활동이나 업무를 중단하는 것을 말해요.
계엄령	국가 비상 상황에서 사회의 안녕과 질서 유지를 위하여 일정한 지역을 군이 맡아 다스리는 것을 말해요. 계엄령은 대통령이 계엄의 실시를 선포하는 명령이지요.

 **내용 확인하기**

1 시사 개념의 설명으로 알맞은 것에 ○표 하세요.

(1) **파업** ㉠ 꼭 해야 하는 임무. / ㉡ 노동자들이 자신들의 권리를 지키기 위해 업무를 중단하는 투쟁.

(2) **계엄령** ㉠ 법적 사건 해결을 위해 발동하는 재판권. / ㉡ 국가 비상 상황에서 발동하는 군사권.

(3) **제주 4.3 사건** ㉠ 1947~1954년의 제주도민 학살 사건. / ㉡ 1947~1954년의 제주도민 민주화 운동.

2 괄호 안에 들어갈 알맞은 말을 골라 이 기사를 요약해 보세요.

> 2024년, 제주 4.3 사건 (군사 재판/ 종교 재판)에서 누명을 쓴 피해자들이 (무죄/ 유죄)를 선고받았다. 1948년 제주도 전역에 내려진 계엄령으로 집단 학살이 시작되었고, 상당수는 누명을 쓰고 (수형인명부/영장)도 없이 체포되어 범죄자로 살아왔다. 하루 빨리 피해자들을 찾아 명예를 회복시켜 주어야 한다.

비판적으로 생각하기

1 제주 4.3 사건은 왜 일어났나요?   2 제주 4.3 사건의 피해 규모는 어느 정도인지 조사해 볼까요?
3 제주 4.3 사건 피해자의 명예 회복을 위해 어떻게 해야 할까요?

(내용 확인하기 정답) 1. (1) ㉡ (2) ㉡ (3) ㉠ 2. 군사 재판, 무죄, 영장

6. 딥테크가 뭔가요?

로봇, 인공지능, 항공우주 등 깊이 있고 어려운 기술을 다루는 새로운 회사들이 점점 많아지고 있어요.

우리 회사에서는 우주 로봇을 연구하고 있지.

시사 용어 미리 보기

아래 문장을 읽으면서 모르는 단어에 ○표 하고 기사에서 확인하세요.

1 딥테크 스타트업은 초기 비용이 많이 든다.
2 취업난 속에서 많은 사람들이 창업을 통해 새로운 기회를 찾고 있다.
3 AI, 바이오, 친환경 기술과 같은 딥테크 분야는 개발 기간이 오래 걸린다.

서사원 신문

월   일

전 세계 딥테크 키우기

정부가 **딥테크(Deep Tech) 스타트업**을 키우는 데 집중하겠다고 발표했습니다. 딥테크는 공학, 과학 등 다양한 분야의 깊이 있는 연구와 기술 개발을 기반으로 하는 혁신적인 기술을 의미합니다. 스타트업은 새로운 아이디어로 시작하는 작은 회사를 말합니다. 딥테크 스타트업의 주요 분야로는 시스템 반도체, 바이오 헬스, 미래 모빌리티, 친환경 에너지, 로봇, AI 빅데이터, 사이버 보안, 항공 우주 등이 있습니다.

특히 로봇과 항공 우주 분야는 정밀한 기술이 필요해서 딥테크 기반의 창업이 활발해졌습니다. 딥테크 스타트업은 기술 개발과 사업화에 시간이 오래 걸리고 **초기 비용**이 많이 든다는 단점이 있지만, 혁신적 기술력으로 산업에 큰 영향을 미칠 수 있습니다. 통계에 따르면, 일반 스타트업의 평균 매출은 98억 5,000만 원인데 반해, 딥테크 스타트업은 평균 141억 7,000만 원에 달합니다. 또한 고용 규모도 크게 차이가 납니다. 일반 스타트업은 평균 27.7명이지만 딥테크 스타트업은 평균 46.2명이어서, **취업난** 해결에도 도움이 됩니다.

최근 각 지역에서는 딥테크 스타트업을 지원하는 다양한 사업을 진행하고 있습니다. 경기도와 서울시는 유망 기술을 가진 스타트업 10개를 선발해 집중 지원했습니다. 대전, 울산 등 다른 지역에서도 딥테크 창업을 돕기 위한 지원을 시작했습니다. 대기업 출신 인재들이 딥테크 스타트업을 창업하는 분위기도 확산되고 있습니다.

하지만 딥테크 창업은 불확실성이 크다는 단점이 있습니다. 많은 투자자가 인공지능, 이차 전지, 항공 우주 분야로 집중되고 있는데, 이러한 쏠림 현상도 문제를 일으킬 수 있습니다. 그래서 지원과 투자를 고르게 분포하는 시스템이 필요합니다.

관련 기사 헤드라인 모아 보기

- 대학마다 딥테크 스타트업 키운다
- 정부, 딥테크 창업 전폭 지원
- AI는 명실상부한 산업 트렌드, 딥테크 집중 투자
- 지역마다 매출·고용 40% 높은 딥테크 스타트업 양성 집중

시사 개념 확인하기

딥테크 (Deep Tech)	깊이 있는 기술이라는 의미예요. 공학 및 과학 등 다양한 분야의 혁신적인 기술을 뜻하지요.
스타트업	벤처 기업, 신생 창업 기업으로 혁신적인 기술과 아이디어를 보유한 기술 기반 회사를 말해요.
초기 비용	사업 초기에 발생하는 비용을 뜻하지요. 토지 구입비, 건물 건축비, 기계 장치비, 재료 구입비 따위를 모두 포함해요.
취업난	일자리를 구하기 위해 겪는 어려움을 의미해요. 일자리를 구하는 사람은 많고 일자리는 적기 때문에 발생하는 현상이에요.

내용 확인하기

1 시사 개념의 알맞은 설명을 찾아 선으로 이어 보세요.

(1) 취업난 •　　　　　　　　　• ㉠ 일자리를 구하기 위하여 겪는 어려움.

(2) 초기 비용 •　　　　　　　　• ㉡ 깊이 있는 첨단 기술.

(3) 딥테크 •　　　　　　　　　• ㉢ 사업 초기 발생하는 비용.

2 빈칸에 알맞은 말을 채워 이 기사를 요약해 보세요.

> 보기　취업난, 초기 비용, 매출, 스타트업

> 정부가 딥테크 _____ 키우기에 집중한다고 발표했다. 일반 스타트업에 비해서는 _____ 이/가 크다는 단점이 있지만, 고용 규모는 크기 때문에 _____ 을/를 해결하는 대안이 될 수 있다.

비판적으로 생각하기

1 딥테크 분야에는 어떤 것들이 있나요?
2 딥테크 스타트업의 장단점은 무엇인가요?
3 딥테크 스타트업을 키우기 위해 어떻게 해야 할까요?

내용 확인하기 정답　1. (1) ㉠ (2) ㉢ (3) ㉡　2. 스타트업, 초기 비용, 취업난

역사 경제

7. 최저 임금제의 현실

최저 임금제는 모두를 위한 제도 같지만, 최저 임금제 때문에 힘들다고 말하는 사람들도 있어요. 또, 최저 임금제의 보호를 받지 못하는 사람들도 있지요. 왜 그런 걸까요?

시사 용어 미리 보기

아래 문장을 읽으면서 모르는 단어에 ○표 하고 기사에서 확인하세요.

1 최저 임금은 경제 성장률과 물가 상승률, 취업자 증가율 등을 기준으로 결정된다.
2 도급 근로자는 최저 임금제 적용 대상에서 빠져 있다.
3 최저 임금제는 근로자의 기본적인 생활을 보장하려는 제도이다.

◆ 서사원 신문   월   일

보호 받지 못하는 노동자, 버티는 사장님

　최저 임금제는 노사 간 자율적 임금 결정에 국가가 개입하여 기업이 근로자에게 일정 수준 이상의 임금을 지급하게 하는 제도입니다. **근로자**는 의식주와 휴식, 건강, 안전, 자아실현 등을 해결하고, 사고와 판단력, 감정과 정서가 안정된 상태에서 노동을 지속할 수 있어야 합니다. 최저 임금은 근로자가 이런 기본적인 욕구를 충족시키는 데 필요한 재화와 서비스를 구매할 수 있게 해줍니다.

　하지만 2025년 최저 임금이 시간당 10,030원으로 결정되자 경영계와 노동계 모두 심하게 반발하고 있습니다. **물가 상승률**을 생각하면 더 올려야 한다는 지적이 있는 한편, 최저 임금이 계속 오르는 바람에 노동 시장에 부작용이 나타나고 있다는 주장이 함께 쏟아지고 있습니다.

　자영업자들은 급격히 오른 최저임금 부담을 감당하기 어려워지면서, 무인화 기기를 도입하거나 직원을 해고하기도 합니다. 최저 임금 인상이 오히려 일자리를 줄이는 결과를 초래한 것입니다. 그래서 최저 임금 동결 또는 **인하**를 요구하는 목소리도 커지고 있습니다.

　또한 요즘 노동계는 배달 기사, 플랫폼 종사자, 택배 기사 등을 위한 별도의 최저 임금제를 만들자고 주장하고 있습니다. 이들은 **도급 근로자**로, 일반 근로자처럼 시간 단위가 아닌 일의 성과에 따라 임금이 정해집니다. 성과를 내지 않으면 임금을 받지 못할 수 있습니다. 산업 구조 변화와 고용 형태의 다양성을 고려해 이들을 위한 세부적인 근로 기준이 마련되어야 합니다.

🔍 관련 기사 헤드라인 모아 보기

▍최저 임금 1만 원 시대 온도 차 알바생 VS 사장님

▍1만 원 돌파한 최저 임금에… 고용주 88%가 뿔났다

▍실질임금 22% 오르는 동안 최저 임금 123% 날았다

▍1만 원 찍은 한국 최저 임금, 유럽보단 낮고 아시아에선 높은 편

최저 임금제	일정 금액 이상의 임금을 근로자에게 지급하도록 법적으로 강제하는 제도예요.
근로자	기업체에서 일을 하고 그 대가로 임금을 받는 사람을 말해요.
물가 상승률	일정한 기간 물가가 올라간 비율을 뜻해요.
인하	물건의 가격을 낮추는 것을 뜻해요. 반대말은 '인상'이에요.
도급 근로자	시간이 아닌 일의 성과에 따라 임금이 결정되는 근로자를 의미해요.

1 초성을 참고하여 문장에 들어갈 알맞은 시사 용어를 써 보세요.

(1) 일을 하고 그 대가로 임금을 받는 사람을 ㄱ ㄹ ㅈ (이)라고 한다.

(2) ㅊ ㅈ ㅇ ㄱ ㅈ 은/는 근로자에게 일정 금액 이상을 지급해야 하는 제도다.

(3) ㄷ ㄱ ㄱ ㄹ ㅈ 은/는 시간이 아닌 성과에 따라 임금을 받는다.

2 빈칸에 알맞은 말을 채워 이 기사를 요약해 보세요.

> 보기 근로자, 최저 임금, 동결, 물가 상승률, 고용

우리나라는 기업 경영자가 _____ 에게 _____ 이상을 지급하게 되어 있다. _____ 을/를 고려한다면 최저 임금도 계속 오르는 것이 맞지만, 최저 임금 인하나 _____ 을/를 요구하는 점주들이 늘고 있다.

비판적으로 생각하기

1 최저 임금제가 생겨난 이유는 무엇일까요?
2 최저 임금을 계속 올리면 어떤 문제점이 발생할까요?
3 최저 임금제과 관련한 여러 문제를 해결하기 위해 어떻게 해야 할까요?

내용 확인하기 정답 1. (1) 근로자 (2) 최저 임금제 (3) 도급 근로자 2. 근로자, 최저 임금, 물가 상승률, 동결

역사·경제
8. 쌀 소비량이 줄고 있어요

예전에는 하루 세 끼 밥을 먹는 게 당연했지만, 요즘에는 밥 대신 빵이나 면, 샐러드 등을 먹는 사람들이 많아졌어요.

📰 시사 용어 미리 보기

아래 문장을 읽으면서 모르는 단어에 ○표 하고 기사에서 확인하세요.

1 쌀 소비량 감소로 인한 공급 과잉 문제가 나타나고 있다.
2 쌀 과잉 생산을 해결하기 위해 정부는 감산 정책을 추진하고 있다.
3 영농 기술이 발달한 것도 공급 과잉의 요인이다.

◈ 서사원 신문   월   일

밥 안 먹는 한국인

'한국인은 밥심으로 산다'라는 말이 있듯, 쌀은 오랫동안 한국인의 주식이었습니다. 그래서 벼 생산을 유지하는 것은 매우 중요한 일이었습니다. 하지만 요즘 쌀이 남아돌아서 문제가 되고 있습니다.

우리나라의 쌀 소비량이 급격히 줄어들었기 때문입니다. 2023년, 1인당 쌀 소비량은 56.4kg을 기록했습니다. 1970년 1인당 소비량이 136.4kg으로 정점을 찍은 이후로 꾸준히 줄어들어, 30여 년 만에 절반 이상 줄어들었습니다.

쌀 소비가 줄어들면 생산량도 줄어야 하는데, 그렇지 않다는 것이 큰 문제입니다. 쌀을 찾는 사람은 줄었는데도 생산은 계속하고 있는 셈입니다. 2020년 쌀 생산량은 350만 톤 수준이었는데, 2023년에는 370만 톤 이상으로 오히려 늘었습니다. 쌀 재배 면적은 줄었지만, **영농 기술**의 발달로 단위 면적당 생산량이 늘고 있기 때문입니다. 조사에 따르면, 벼농사의 **기계화율**은 99%가 넘습니다. 이로 인해 우리나라는 24년째 쌀 공급 **과잉** 상태가 지속되고 있습니다.

수요보다 생산이 많으면 쌀값은 떨어지고 쌀값이 떨어지면 생산이 줄어드는 게 경제의 원리지만, 쌀에는 이 원리가 통하지 않는 것입니다. 결국 정부가 남는 쌀을 세금으로 사들여 3년 동안 보관한 뒤, 가축 사료나 술을 만드는 주정용으로 헐값에 처분합니다. 보관 비용까지 고려하면, 남는 게 거의 없습니다.

2024년부터는 농촌 곳곳에서 쌀 **감산 정책**을 시행하기로 했습니다. 논의 일정 구역만 비워놓는 **부분 휴경**으로 쌀의 생산량과 재배 면적을 줄여 쌀값을 안정시키는 것입니다.

🔍 관련 기사 헤드라인 모아 보기

- 한국인은 밥심인데…
  정작 쌀은 찬밥 신세
- 쌀밥 외면 시대, 쌀 감산 안간힘
  '부분 휴경'까지 도입
- 밥심 잊은 한국인 작년 쌀 소비 최저
- 쌀 소비량 뚝!
  농식품부, 올해 벼 재배 면적 감축 추진

 **시사 개념 확인하기**

영농 기술	농업 활동을 하는 데 활용되는 다양한 기술을 의미해요. 기계화, 품종 개량, 유기 농업, 친환경 농업, 전천후 농업 등이 있어요.
기계화율	기계화는 사람의 손 대신 기계를 사용하여 작업 능률을 높이는 것을 말해요. 전체 작업 중 기계화로 이루어진 비율을 기계화율이라고 하지요.
과잉	기대하거나 필요한 수량보다 많이 남는 것을 의미해요.
감산 정책	생산을 줄이기 위한 정책을 뜻해요.
부분 휴경	한 해 농사를 쉬는 것을 휴경이라고 해요. 부분 휴경은 논 전체를 비우지 않고 일정 구역만 비워놓는 걸 말해요.

 내용 확인하기

1 시사 개념의 알맞은 설명을 찾아 선으로 이어 보세요.

(1) 영농 기술 •   • ㉠ 논의 일부만 비워 놓고 농사를 짓는 것.

(2) 감산 정책 •   • ㉡ 농업에 활용되는 다양한 기술.

(3) 부분 휴경 •   • ㉢ 생산을 줄이기 위한 정책.

2 이 기사를 이해한 내용으로 맞는 것은 O표, 틀린 것은 X표 하세요.

(1) 우리나라 쌀 생산량이 급격히 줄고 있다. (   )

(2) 농촌 곳곳에서는 쌀 감산 정책으로 부분 휴경을 시행한다. (   )

(3) 벼농사의 기계화율이 높아 쌀이 남아돌아서 문제가 되고 있다. (   )

 비판적으로 생각하기

1 쌀 소비량이 왜 줄어들까요?
2 논이 줄고 있는데도 쌀 생산량이 느는 이유는 무엇일까요?
3 쌀 생산량을 줄이기 위한 다른 방법은 없을까요?

내용 확인하기 정답 1. (1) ㉡ (2) ㉢ (3) ㉠ 2. (1) X (2) O (3) O

9. 광물 수입 의존도 문제

📰 시사 용어 미리 보기

아래 문장을 읽으면서 모르는 단어에 ○표 하고 기사에서 확인하세요.

1 10대 광물에 대한 수입 의존도가 높아지고 있다.
2 광물의 수입 의존도는 국가 경제와 안보에 영향을 준다.
3 특정 국가에 의존하지 않게 광물 공급망을 안정화해야 한다.

◆ 서사원 신문   월   일

핵심 광물을 확보하라!

　반도체와 인공지능을 비롯한 **첨단 산업** 분야에서 꼭 필요한 **광물**들이 있습니다. 정부는 전기차, 이차 전지, 반도체 분야의 **공급망** 안정화를 위해 핵심 광물 33종을 선정했습니다. 리튬, 니켈, 코발트, 망간, 흑연 등 산업 전반에서 폭넓게 사용하는 자원들입니다.

　하지만 이 핵심 광물을 확보하는 데 문제가 생기고 있습니다. 한국은 대부분의 핵심 광물을 수입에 의존하고 있어서, 수입국이 수출을 통제할 때마다 큰 피해를 보고 있습니다. 세계 핵심 광물 시장에서 중국은 최대 공급자로, 그 힘이 매우 큽니다. 특히 한국은 중국에 대한 의존도가 더 높습니다. 한국의 전기차용 배터리의 소재로 사용하는 핵심 광물은 중국에 대한 수입 의존도가 80~90%에 이를 정도입니다. 그래서 중국의 공급망에 문제가 생기면, 반도체를 비롯한 한국의 핵심 산업에 큰 위기가 올 수 있습니다.

　2023년, 핵심 광물 33종에 대한 중국에서의 수입액은 93억 달러에 달했습니다. 2020년과 비교했을 때 3년 만에 3배 이상 늘었습니다. 같은 기간 **수입 의존도**는 12.7%에서 21.6%로 두 배 가까이 늘었습니다.

　문제는 미국과 중국의 기술 경쟁이 심해지면서 중국 정부가 핵심 광물 수출을 더 엄격히 관리하고 있다는 것입니다. 중국의 광물 수출 규제로 한국의 산업 성장에 제약이 생길 수 있습니다.

　광물 수요의 95%를 수입에 의존하는 한국은 핵심 광물을 안정적으로 확보할 전략이 필요합니다. 핵심 광물 수입 경로를 중국에만 의존하는 것은 국가 경제와 안보에 위협이 될 수 있습니다.

🔍 관련 기사 헤드라인 모아 보기

▌ 핵심 광물 잡아라!
　　공급망 안정화 사활 건 한국

▌ 10대 전략 핵심 광물 중 7개 절반 이상
　　중국 의존 심각

▌ 중국 의존도 낮춰라!
　　정부, 해외 자원 개발 독려

▌ 한·미·일, 반도체·핵심 광물 손잡다
　　중국의 자원 무기화에 함께 대비

첨단 산업	반도체, 생명 공학, 우주 항공, 컴퓨터, 신소재 등 기술력이 많이 필요하고 부가 가치가 높으며, 산업 발전에 기여할 수 있는 산업을 말해요.
광물	암석을 이루고 있는 알갱이를 광물이라고 해요. 석탄, 철, 금, 은 등 약 3,800종류 이상이 알려져 있지요.
공급망	원재료를 마련하는 것부터 완성된 제품의 소비에 이르기까지 물건과 서비스 및 정보의 흐름이 이루어지는 연결망을 말해요.
수입 의존도	한 나라의 경제가 외국으로부터의 수입에 의존하는 정도를 나타내요. 한 나라의 국민이 생산한 총액에 대한 수입액의 비율로 계산하지요.

1 초성을 참고하여 문장에 들어갈 알맞은 시사 용어를 써 보세요.

(1) 암석을 이루는 알갱이를 ㄱㅁ (이)라고 한다.

(2) ㅊㄷ ㅅㅇ 은/는 부가 가치가 높으며, 산업 발전에 기여할 수 있는 산업을 말한다.

(3) 한 나라의 생산액에 대한 수입액의 비율은 ㅅㅇ ㅇㅈㄷ (으)로 나타낼 수 있다.

2 이 기사를 이해한 내용으로 맞는 것은 ○표, 틀린 것은 ✕표 하세요.

(1) 우리나라는 중국이 수출 통제를 할 때마다 큰 피해를 입는다. ( )

(2) 특정 나라에서만 핵심 광물을 수입하는 것은 국가 경제, 안보에 도움이 된다. ( )

(3) 반도체와 인공지능을 비롯한 첨단 산업에는 광물 자원이 필요하며, 광물 자원을 많이 가지고 있는 우리나라는 유리하다. ( )

비판적으로 생각하기

1 광물은 왜 중요한가요?

2 특정 나라에 수입 의존도가 높으면 어떤 문제가 생길까요?

3 핵심 광물 확보를 위해 어떻게 해야 할까요?

내용 확인하기 정답 1. (1) 광물 (2) 첨단 산업 (3) 수입 의존도 2. (1) ○ (2) ✕ (3) ✕

10. 펫코노미 시장 열풍

> 강아지나 고양이 같은 반려동물을 키우는 사람이 점점 많아지고 있어요. 이 때문에 반려동물과 관련된 물건이나 서비스를 다루는 시장이 커지고 있지요.

행복하다. 멍!

📰 시사 용어 미리 보기

아래 문장을 읽으면서 모르는 단어에 ○표 하고 기사에서 확인하세요.

1 반려동물의 수가 늘어나면서 펫코노미 시장이 급성장하고 있다.
2 펫팸족을 위한 상조 상품이 등장했다.
3 펫테크가 펫코노미 시장을 더욱 활성화시키고 있다.

165

◈ 서사원 신문   월   일

반려동물을 위한 소비, 이제는 일상이 됐다

반려동물을 키우는 인구가 1,500만 명에 이르는 시대가 되면서, **반려동물** 관련 소비를 의미하는 '**펫코노미**' 시장이 확대되고 있습니다. 통계에 따르면, 국내 펫코노미 시장 규모는 2015년 1조 9,000억 원에서 2019년 3조 원까지 성장했으며, 2027년에는 6조 원을 넘어설 것으로 보고 있습니다.

반려동물 관련 산업은 매우 다양한 분야에서 발전하고 있습니다. 반려동물 카페, 호텔, 유치원, 미용실 등 다양한 서비스가 등장했고, 최근에는 반려동물 먹거리와 건강 관리를 위한 펫푸드, 펫 전용 장례 서비스를 포함한 상조 상품도 큰 인기를 끌고 있습니다.

반려동물 복지에 대한 의식이 높아짐에 따라, 많은 반려인들은 반려동물의 건강 관리를 도와주는 서비스를 찾고 있습니다. 또, 주인이 자리를 비울 때 반려동물을 돌봐주는 케어 서비스들도 주목받고 있습니다. 특히, 혼자 반려동물을 키우는 1인 가구가 늘면서, 반려동물을 돌봐주는 펫시터가 인기를 얻고 있습니다. 펫시터는 집에 방문해 주인 대신 사료를 주고 산책을 시켜 줍니다.

펫푸드 시장도 급성장하고 있습니다. 펫푸드가 점점 더 고급화되며, 수제 간식이나 맞춤형 사료, 고가의 건강식이 인기를 끌고 있습니다. 최근에는 펫보험도 등장했습니다. 많은 보험 회사들이 반려동물의 병원비를 합리적인 가격에 보장해 주는 보험 상품을 만들어 반려동물을 가족으로 생각하는 '**펫팸족**'을 공략하고 있습니다.

정부는 반려동물 산업 확대를 위해 대표적인 펫코노미 산업인 펫푸드, 펫헬스케어, 펫서비스, **펫테크**를 적극 지원하기로 했습니다.

🔍 관련 기사 헤드라인 모아 보기

- 초저출산 속 블루오션 펫코노미 뜬다
- 진화한 펫코노미 식지 않는 펫케어 스타트업
- 댕댕이 유치원 보내고 펫비치 휴가 5조 시장 펫코노미 무한 팽창
- 반려 인구 1500만 시대 펫팸족 겨냥 펫코노미 급성장

시사 개념 확인하기

반려동물	사람과 정서적인 교감을 나누며 더불어 살아가는 동물을 뜻해요. 반려동물을 키우는 가구가 늘면서 관련 산업도 많이 발전했어요.
펫코노미	반려동물과 관련한 시장 또는 산업을 일컫는 신조어예요. 영어 단어 'Pet(반려동물)'과 'Economy(경제)'를 합친 말이지요.
펫팸족	'Pet(반려동물)'과 'Family(가족)'를 합친 말로, 반려동물을 가족과 같이 귀중한 존재로 여기는 사람들을 말해요.
펫테크	'Pet(반려동물)'과 'Technology(기술)'을 합친 말로, 반려동물 관련 상품에 사물 인터넷, 인공 지능, 빅데이터 등 다양한 기술이 결합한 것을 말해요.

내용 확인하기

1 시사 개념의 알맞은 설명을 찾아 선으로 이어 보세요.

(1) 펫테크　　　　　　　　　　　　　　　⊙ 반려동물 산업.

(2) 펫코노미　　　　　　　　　　　　　　ⓒ 반려동물을 가족처럼 여기는 사람들.

(3) 펫팸족　　　　　　　　　　　　　　　ⓒ 반려동물을 위한 상품에 기술을 결합한 것.

2 빈칸에 알맞은 말을 채워 이 기사를 요약해 보세요.

> 보기　펫테크, 상조 상품, 고급화, 펫코노미

반려동물을 키우는 사람들이 늘면서 반려동물 관련 소비를 의미하는 _____ 시장이 확대되었다. 반려동물의 음식산업인 펫푸드, 건강을 돌봐주는 펫헬스케어, 첨단기술을 접목한 _____ , 장례 서비스까지 돕는 _____ 까지 반려동물 관련 산업이 계속해서 성장하는 중이다.

비판적 생각하기

1 펫코노미 시장이 확대되고 있는 이유는 무엇일까요?
2 반려동물 관련 상품에는 어떤 것들이 있을까요?
3 정부는 반려동물 산업 성장을 위해 어떤 일을 할 수 있을까요?

내용 확인하기 정답　1. (1) ⓒ (2) ⊙ (3) ⓒ　2. 펫코노미, 펫테크, 상조 상품

사회 시사 개념 마무리 퀴즈

1 아래 뜻풀이에 맞는 알맞은 시사 용어에 ○표 하세요.

(1) 여성 한 명이 낳을 것으로 예상되는 평균 자녀 수.
합계 출산율 / 대체 출산율

(2) 전체 인구 가운데 만 65세 이상 노년 인구가 차지하는 비율이 높아지는 현상.
저출산 / 고령화

(3) 혐오 시설 등이 자신이 사는 지역에 들어서는 일을 반대하는 것.
님비 / 핌피

(4) 카공족을 막기 위해 만들어진, 공부가 금지된 곳.
노 키즈 존 / 노 스터디 존

2 <보기>에서 알맞은 시사 용어를 골라 빈 칸을 채워 보세요.

보기 도파민, 성 인지 감수성, 사교육, 미닝아웃, 낙인

(1) 성별에 대한 고정 관념을 깨고 _____ 을/를 키울 필요가 있다.

(2) 최근 소비자들이 _____ 의 일환으로, 식물성 대체식품을 선호하는 경향이 나타난다.

(3) 알파세대 중 숏폼 등 짧고 강렬한 자극을 선호하며 _____ 중독에 빠진 사람이 많다.

(4) 학교폭력의 가해자에게 _____ 을/를 찍는 것만을 우선시하면 근본적인 문제 해결이 어려워질 수 있다.

(5) 학령 인구가 감소하고 있음에도 불구하고, _____ 시장의 카르텔은 더욱 굳건해져 학부모들의 불안감을 부추기고 있다.

정답 1. (1) 합계 출산율 (2) 고령화 (3) 님비 (4) 노 스터디 존 2 (1) 성 인지 감수성 (2) 미닝아웃 (3) 도파민 (4) 낙인 (5) 사교육

환경 시사 개념 마무리 퀴즈

1 아래 제시된 뜻풀이에 알맞은 시사 용어로 퍼즐 속 빈칸을 채워 보세요.

※띄어쓰기는 고려하지 않고 채워 보세요.

가로

(1) 자신이 가치 있다고 여기는 것에 투자하는 소비 성향.
(2) 땅 속이 영구히 얼어 있는 지대.
(3) 인간과 생물, 생명과 관련 있음을 나타냄. 이것으로 만든 에너지는 식물 등을 태우거나 발효시켜 연료 형태로 만든 것을 말함.

세로

(4) 지금 우리가 누리는 것들을 미래 세대도 누릴 수 있도록, 자원을 아끼고 환경을 지키는 방식.
(5) 탄소 배출량을 줄이고 흡수량을 높여, 실질적인 배출량이 'O'이 되게 하는 것.
(6) 버려진 제품에 새로운 가치를 더해 전혀 다른 제품으로 다시 생산하는 것.
(7) 지속 가능한 발전을 추구하는 기업 경영 방식.
(8) 소화 과정에서 한번 삼킨 먹이를 게웠다 다시 먹어 소화시키는 동물.

정답 1. (1) 가치 소비 (2) 영구 동토층 (3) 바이오 (4) 지속 가능 (5) 탄소중립 (6) 업사이클링 (7) ESG (8) 반추 동물

정보 시사 개념 마무리 퀴즈

1 빈 칸에 들어갈 글자를 골라 시사 용어를 완성해 보세요.

(1) ☐어런팅 폐 / 셰 / 푸

(2) 자율주☐ 정 / 공 / 행

(3) 딥☐이크 아 / 파 / 페

(4) 메타☐스 버 / 조 / 가

2 알맞은 글자를 골라 빈 칸에 들어갈 시사 용어를 완성해 보세요.

(1) | 산 | 자 | 량 | 행 | 대 | 주 | 율 | 생 |

➡ 3D 프린터는 생산 비용이 많이 들고 _____ 이/가 어렵다.

(2) | 피 | 딥 | 티 | 크 | 지 | 페 | 챗 | 이 |

➡ _____ 은/는 번역과 교정 작업에서 생산성을 향상시키는 도구이다.

(3) | 절 | 인 | 능 | 메 | 지 | 표 | 타 | 공 |

➡ _____ 이/가 생성한 예술 작품의 저작권을 두고 의견이 갈리고 있다.

(4) | 아 | 인 | 비 | 상 | 가 | 면 | 대 | 간 |

➡ 메타버스는 _____ 사회에서 아바타를 통해 새로운 방식의 상호작용을 가능하게 한다.

> 정답 1. (1) 셰 (2) 행 (3) 페 (4) 버 2. (1) 대량 생산 (2) 챗지피티 (3) 인공지능 (4) 비대면

문화·예술 시사 개념 마무리 퀴즈

1 뜻풀이에 알맞은 시사 용어를 찾아 선으로 이어 보세요.

(1) 형태가 없는 문화유산.   •   • ㉠ MBTI

(2) 사람의 성격을 열여섯 개 유형으로 나누어 보여 주는 도구.   •   • ㉡ 사회적 약자

(3) 관광객이 너무 많아져 지역 주민들과 갈등을 일으키는 현상.   •   • ㉢ 성중립언어

(4) 남성, 여성의 역할에 대하여 고정 관념이 반영되지 않은 언어.   •   • ㉣ 무형유산

(5) 신체적·문화적 특징으로 인해 사회의 주류 집단 구성원에게 차별받는 사람들.   •   • ㉤ 오버투어리즘

2 주변의 단어와 가장 연관이 깊은 시사 용어를 <보기>에서 찾아 빈 칸을 채워 보세요.

보기 퀴어 문화 축제, 성평등, 무형유산, 신조어, 일제강점기

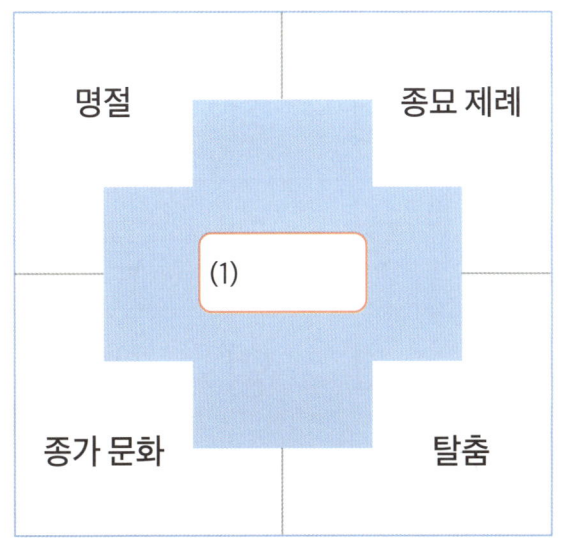

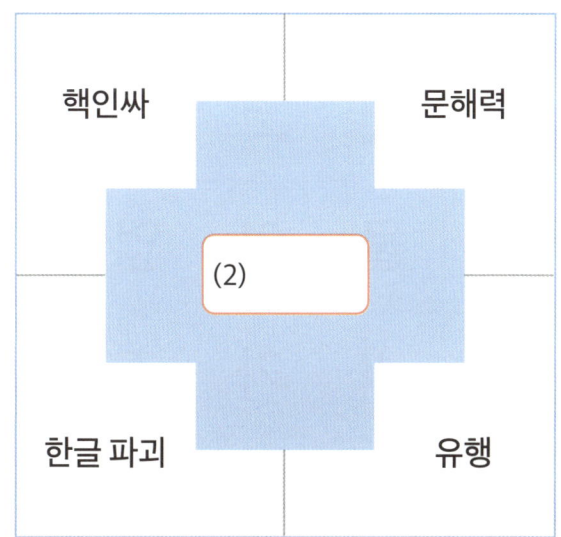

정답 1. (1) ㉣ (2) ㉠ (3) ㉤ (4) ㉢ (5) ㉡ 2. (1) 무형유산 (2) 신조어

역사 경제 시사 개념 마무리 퀴즈

1 뜻풀이에 해당하는 시사 용어를 퍼즐에서 찾아보세요.

(1) 일정 금액 이상의 임금을 근로자에게 지급하도록 법적으로 강제하는 제도.

(2) 1954년 11월 21일, 독도의용수비대가 일본의 독도 침입을 격퇴한 일.

(3) 공학 및 과학 등 다양한 분야의 혁신적인 기술.

(4) 생산을 줄이기 위한 정책.

(5) 반려동물과 관련한 시장 또는 산업을 일컫는 신조어.

※띄어쓰기는 고려하지 않고 찾아보세요.

광	감	병	책	반	려	동	물
창	산	이	난	근	독	도	업
업	정	업	소	소	도	국	최
의	책	제	영	오	대	자	저
펫	코	노	미	한	첩	장	임
물	아	업	대	도	영	금	금
비	가	주	딥	테	크	엄	제
용	상	승	미	창	계	파	업

정답 1. (1) 최저 임금제 (2) 독도대첩 (3) 딥테크 (4) 감산 정책 (5) 펫코노미